Manoel Benedito Rodrigues
Álvaro Zimmermann Aranha

Geometria Plana
Exercício de Matemática Vol.6
Caderno de Apoio

2019

Coleção Vestibulares

Matemática nos Vestibulares – vol. 4 e 5
História nos Vestibulares – vol. 3 e 4

Coleção Exercícios de Matemática

Volume 1: Revisão de 1º Grau
Volume 2: Funções e Logaritmos
Volume 3: Progressões Aritméticas e Geométricas
Volume 4: Análise Combinatória e Probabilidades
Volume 5: Matrizes, Determinantes e Sistemas Lineares
Volume 6: Geometria Plana

Caderno de Atividades

Números Complexos
Polinômios e Equações Algébricas
Trigonometria – vol. 1 e 2
Geometria Espacial – Vol. 1, 2 e 3
Geometria Analítica – Vol. 1 e 2

Ensino Fundamental

Matemática – 6º ano – vol. 1 e 2
Matemática – 6º ano – vol. 1 e 2
Matemática – 7º ano – vol. 1 e 2
Álgebra – 8º ano – vol. 1 e 2
Álgebra – 9º ano – vol. 1 e 2
Desenho Geométrico – 6º ano

Desenho Geométrico – 7º ano
Desenho Geométrico – 8º ano
Desenho Geométrico – 9º ano
Geometria Plana - 8º ano
Geometria Plana - 9º ano
Contando Números e História - 7º ano

Digitação, Diagramação e Desenhos: Sueli Cardoso dos Santos - suly.santos@gmail.com
Capa: Sueli Cardoso dos Santos

Dados Internacionais de Catalogação, na Publicação (CIP)
(Câmara Brasileira do Livro, SP, Brasil)

Aranha, Álvaro Zimmermann. Rodrigues, Manoel Benedito

Matémática / Álvaro Zimmermann Aranha, Manoel
Benedito Rodrigues. - São Paulo: Editora Policarpo, 4.ed. 2019.
ISBN: 978-85-7237-000-4

1. Matemática 2. Ensino fundamental
I. Aranha, Álvaro Zimmermann II. Rodrigues, Manoel Benedito III. Título.

Índices para catálogo sistemático:

Todos os direitos reservados à:
EDITORA POLICARPO LTDA
Rua Dr. Rafael de Barros, 175 - Conj. 01- São Paulo - SP - CEP: 04003 - 041
Tel./Fax: (011) 3288 - 0895
Tel.: (011) 3284 - 8916

ÍNDICE

Segmentos de Reta..1

Ângulos..3

Paralelismo..6

Triângulos..8

Quadriláteros...13

Polígonos...16

Base Média e Pontos Notáveis...24

Circunferência e Círculo..27

Ângulos Relacionados com Arcos..32

Áreas de Regiões Poligonais..36

Pitágoras..41

Tales e Consequências...63

Semelhança...70

Relações Métricas...82

Razões Trigonométricas..90

Relações Métricas em Triângulo Qualquer...107

Polígonos Regulares..117

Área do Círculo e Partes...123

Exercícios Gerais...138

SEGMENTOS DE RETA

35 Determine **x** e **y**, sendo **M** o ponto médio de AB, nos casos:

a)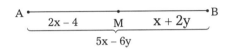

b)

36 Determine AB sabendo que **M** é o ponto médio de $\overline{AB}$.

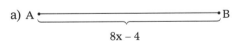

37 Os segmentos $\overline{AB}$ e $\overline{BC}$ são adjacentes colineares e **M** e **N** são, respectivamente, os pontos médios de $\overline{AB}$ e $\overline{BC}$.

Determine MN sabendo que AC = 46 cm.

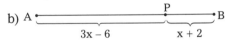

38 Se os segmentos $\overline{AB}$ e $\overline{BC}$ são adjacentes colineares e **M** e **N**, respectivamente, os pontos médios de $\overline{AB}$ e $\overline{BC}$, mostre que

$MN = \dfrac{a + b}{2}$ onde

AB = a e BC = b.

58 Se AB = 36 cm e a unidade das medidas indicadas na figura também é o cm, determine **x** nos casos:

a)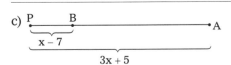

b)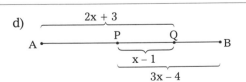

c)
P B
|—|————————————•A
  x−7
    3x+5

d)
        2x+3
    ┌────────┐
A•——P——Q——•B
      x−1
    3x−4

59 Determine, **x** sendo **M** o ponto médio de $\overline{AB}$:

a) 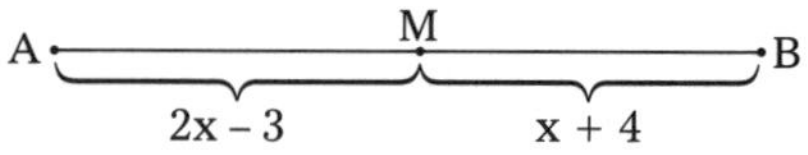

b) 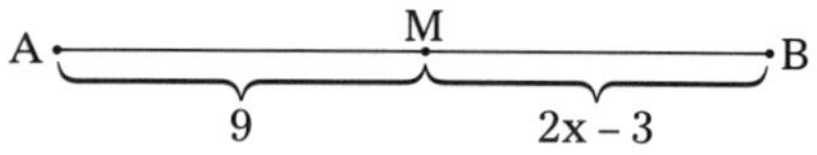

---

60 Determine PQ, sendo AB = 31:

a) 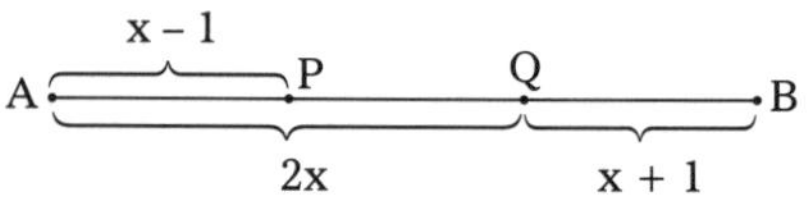

b) 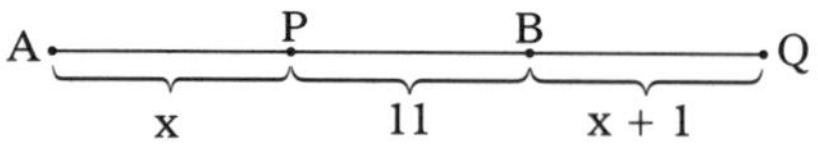

---

61 Determine AB, sendo **M** o pnto médio de $\overline{AB}$:

a) 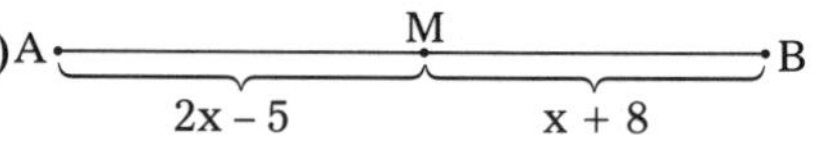

b) 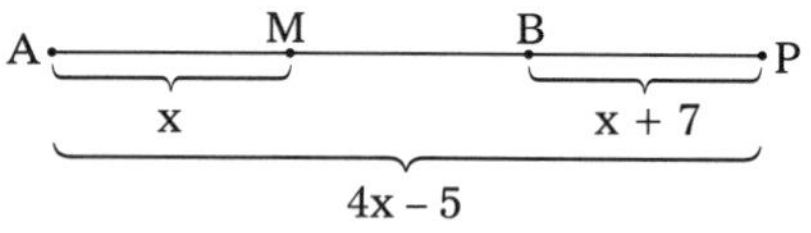

---

62 Determine **x**, sendo **M** o ponto médio de $\overline{AB}$ nos casos:

a) 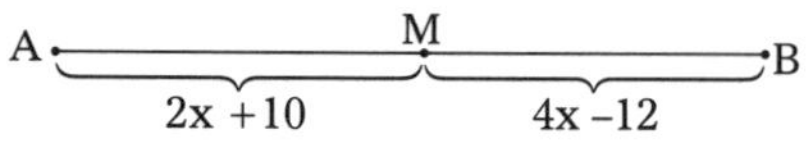

b) 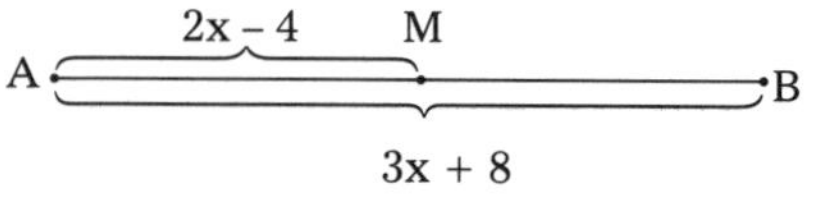

---

64 Se AB = 40 cm, determine PQ nos casos:

a) 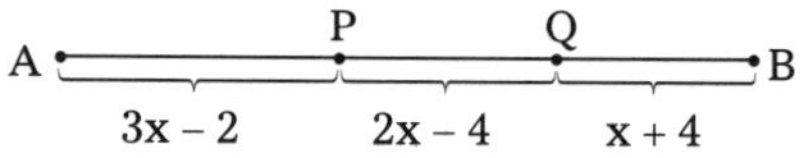

b) 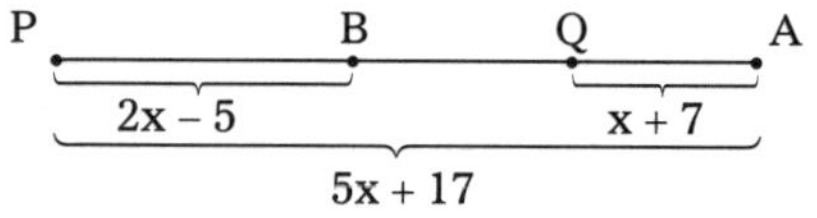

ÂNGULOS

121 Determine o valor de **x** nos casos:

a)

b)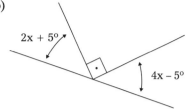

122 Determine o valor de x nos casos:

a)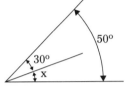

b)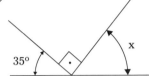

c)

d)

e)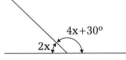

123 Determine **x** e **y** nos casos:

a)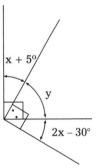

b)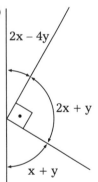

Resp: **35** a) x = 8 , y = 4   b) x = 5, y = 15   **36** x = 10, y = 3   **37** 23   **58** a) 5   b) 10   c) 12   d) 9

124 Determine o x nos casos:

a)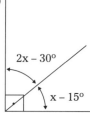

b)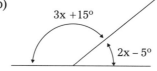

c)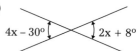

125 Determine x e y nos casos:

a)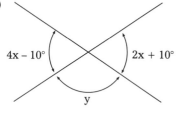

b)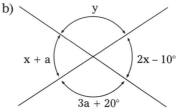

126 Se $\overrightarrow{OP}$ é bissetriz de AÔB, determine x e AÔB:

a)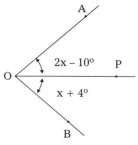

b)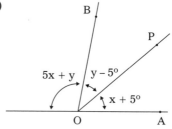

137 Determine o valor de α nos casos:

a)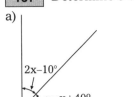

c)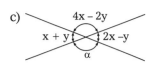

b)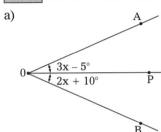

138 Se $\overrightarrow{OP}$ é bissetriz de AÔB, determine **x** nos casos:

a)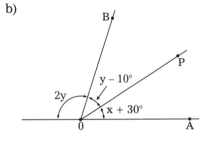

b)

141 A razão entre as medidas de dois ângulos é $\frac{3}{4}$ e a diferença entre eles é 15°, quais são as medidas desses ângulos?

142 Quatro semi-retas com origem num ponto P, determinam quatro ângulos, com no máximo um lado em comum, cujas medidas são proporcionais a 2, 3, 4 e 6. Determine as medidas desses ângulos.

Resp: **59** a) 7 b) 6   **60** a) 11 b) 32   **61** a) 42 b) 24   **62** a) 11 b) 16   **64** a) 10 b) 34   **121** a) 5° b) 15°   **122** a) 20° b) 55° c) 60° d) 23° e) 25°   **123** a) x = 35°, y = 50° b) x = 40°, y = 10°

PARALELISMO

160 As retas **r** e **s** são paralelas. Determinar **x**:

a)
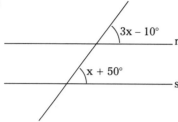

b)
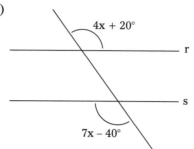

c)
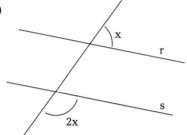

d)
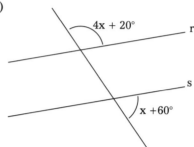

161 Determinar os valores das incógnitas sabendo que **r** e **s** são paralelas:

a)
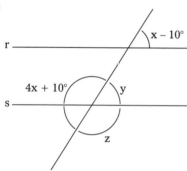

b)
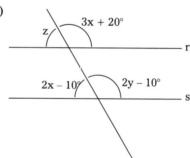

c)
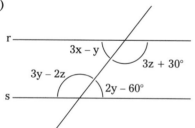

161 Determinar os valores das incógnitas sabendo que r e s são paralelas:

d)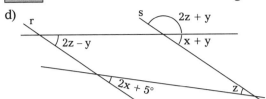

163 As retas r e s são paralelas. Determine x nos casos: (trace retas paralelas auxiliares).

a)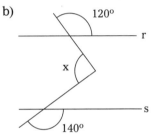

b)

c)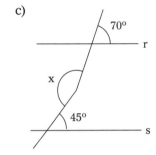

d)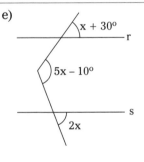

e)

Resp: **124** a) 45°   b) 34°   c) 19°   **125** a) x = 10°, y = 150°   b) x = 40°, y = 110°

126 a) x = 14°, AÔB = 36°   b) x = 20°, AÔB = 50°   **137** a) 60°   b) 120°   c) 120°

138 a) 15°   b) 10°   **141** 45° e 60°   **142** 48°, 72°, 96°, 144°

TRIÂNGULOS

213 Determine as incógnitas: (Em cada figura segmentos com "marcas" iguais são congruentes).

a)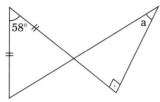

b)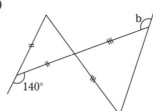

c)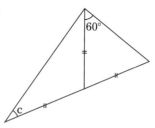

d)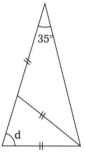

e)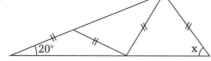

f)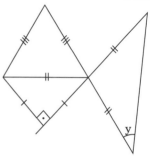

g)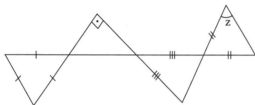

214 Determine o valor de x, nos casos:

a)

b)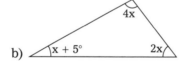

c)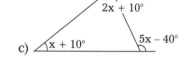

d)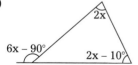

e)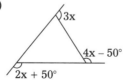

f)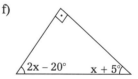

214 g) 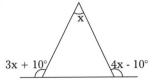　　h)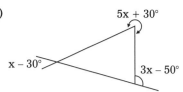

218 Determine **x** em função das outras medidas indicadas:

a) 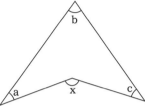　　b)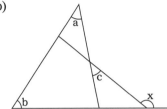

221 O ângulo oposto ao lado $\overline{BC}$, formado pelas bissetrizes dos ângulos $\hat{B}$ e $\hat{C}$ de um triângulo ABC, é igual ao quíntuplo do ângulo Â. Determine Â.

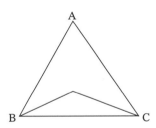

222 O ângulo oposto a $\overline{BC}$, formado pelas bissetrizes dos ângulos externos em **B** e **C** de um triângulo ABC, excede o ângulo Â em 15°. Determine Â.

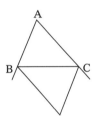

228 Resolver:

a) Se o perímetro de um triângulo equilátero é de 75 cm, quanto mede cada lado?

b) Se o perímetro de um triângulo isósceles é de 100 m e a base mede 40 m, quanto mede cada um dos outros lados?

c) O perímetro de um triângulo isósceles é de 120 m. Se a base excede cada um dos lados congruentes em 15 m, quanto mede cada lado?

Resp: **160** a) 30°　　b) 20°　　c) 60°　　d) 20°　　**161** a) 36°, 26°, 154°　　b) 34°, 66°, 58°　　c) 40°, 60°, 30°

d) 20°, 35°, 45°　　**163** a) 85°　　b) 100°　　c) 155°　　d) 140°　　e) 20°

228

d) Cada um dos lados congruentes de um triângulo isósceles excede a base em 7 m. Sabendo que o perímetro desse triângulo tem 59 m, quanto mede cada lado?

e) A soma das medidas dos lados congruentes de um triângulo isósceles excede a base em 10 m. Se o perímetro desse triângulo é de 70 m, quanto mede cada lado?

235 Determine o valor da incógnita (segmentos com "marcas iguais" são congruentes).

a)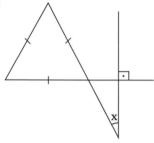

b)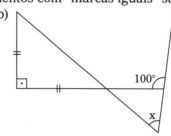

c)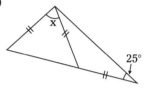

d) AB = AC
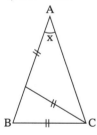

e)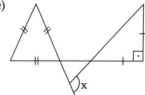

f)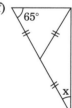

246 Mostre que o ângulo, oposto à base de um triângulo isósceles, formado pelas bissetrizes dos ângulos externos da base é igual ao ângulo da base.

247 Do triângulo ABC, sabemos que $\overline{AS}$ é bissetriz de Â e que $\overline{CH}$ é altura. Determine x.

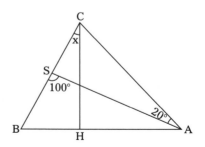

10

263 Do triângulo ABC dos casos sabemos que $\overline{AH}$ é altura e $\overline{BS}$ é bissetriz. Determine as incógnitas.

a)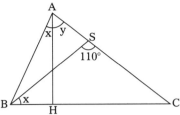
b)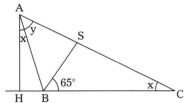

264 Determine o valor de **x** nos casos:

a)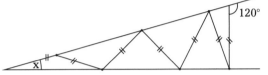
b) AB = AC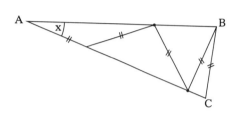

265 Determine **x** em função de a nos casos:

a)
b)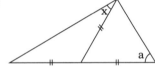
c)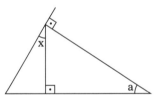

266 Determine **x** em função das outras medidas indicadas:

a) $\overline{AB} = \overline{AD} = \overline{DE}$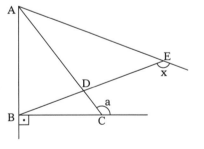
b) $\overline{AH}$ é altura e $\overline{AS}$ é bissetriz do $\triangle ABC$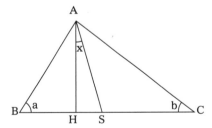

Resp: **213** a) 29° b) 125° c) 30° d) 70° e) x = 60° f) y = 52° 30' g) z = 37° 30' **214** a) 55° b) 25° c) 30°

d) 40° e) 40° f) 35° g) 30° h) 50° **218** a) a + b + c b) a + b + c **221** 20° **222** 50°

228 a) 25 b) 30 c) 35, 35, 50

11

266 c) AB = AC

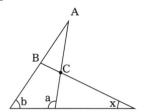

d) AB = AC

267 O ângulo formado pelas bissetrizes dos ângulos B̂ e Ĉ, oposto a $\overline{BC}$, de um triângulo ABC excede o ângulo em 60° e excede B̂ em 50°. Determine os ângulos desse triângulo.

268 O ângulo de um triângulo ABC é o dobro do ângulo oposto a $\overline{BC}$, formado pelas bissetrizes dos ângulos externos em B e C. Determine os ângulos desse triângulo sabendo-se que B̂ excede Ĉ em 10°.

270 Mostre que os ângulos opostos a um lado de um triângulo, formados pelas bissetrizes internas e bissetrizes externas, são suplementares.

QUADRILÁTEROS

277 Determinar o valor de **x** nos casos:

a)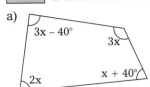

b)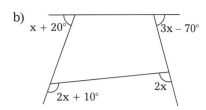

c)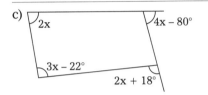

d)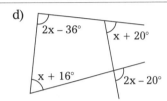

287 Em cada é dado um trapézio de base $\overline{AB}$ e $\overline{CD}$. Determine as incógnitas:

a)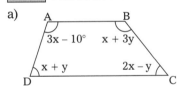

b)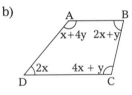

288 Em cada caso temos um trapézio isósceles, determine os seus ângulos:

a)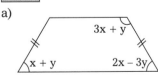

Resp: **228** d) 22, 22, 15   e) 20, 20, 30   **235** a) 30°   b) 55°   c) 80°   d) 36°   e) 105°   f) 25°
247 30°   **263** a) 30°, 50°   b) 40°, 10°   **264** a) 10°   b) 20°   **265** a) $\frac{a}{2}$ b) 90° – a   c) a
266 a) $\frac{450° + a}{4}$ b) $\frac{a - b}{2}$

288 b)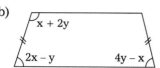

289 Determine os ângulos $\hat{E}$ e $\hat{F}$ sabendo que ABCD é um trapézio de bases $\overline{AB}$ e $\overline{CD}$.

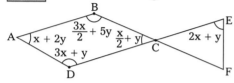

293 Em cada caso temos um paralelogramo. Determine as incógnitas:

a)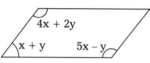

b)

302 Se $\overline{AP}$ e $\overline{BP}$ são bissetrizes de $\hat{A}$ e $\hat{B}$, determine **x**.

a)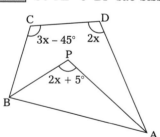

b)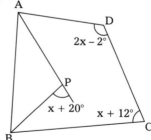

307 Em cada caso temos um trapézio ABCD com AB = BC = CD. Determine as incógnitas:

a)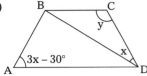

b)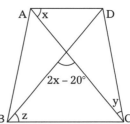

312 Determine os ângulos do losango dado nos casos:

a)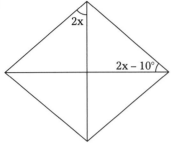

b) (figura com $x + 10°$, $4y$, $8y - 3x$)

316 Em cada caso temos um quadrado e um triângulo equilátero. Determine as incógnitas:

a)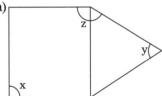
b)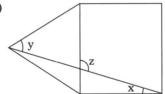
c)
d)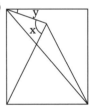

330 Se $\overline{AP}$ e $\overline{BP}$ são bissetrizes, determine x nos casos:

a)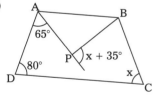

b)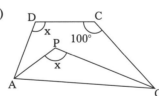

331 Se $\overline{AP}$ e $\overline{BP}$ são bissetrizes, determine:

a) $\hat{C} + \hat{D}$

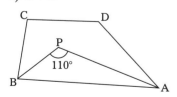

b) $\hat{C}$, que excede $\hat{D}$ em 10°

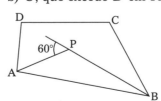

Resp: **266** c) $\frac{a}{2} + b + 90°$ d) $\frac{a-b}{2}$ **267** 60°, 70°, 50°   **268** 90°, 50°, 40°   **277** a) 40°   b) 50°
c) 40°   d) 60°   **287** a) 40°, 30°   b) 20°, 30°   **288** a) 40°, 10°

15

POLÍGONOS

342 Determine o número de diagonais do polígono convexo nos casos:

a) heptágono
b) decágono
c) pentadecágono

343 Determine a soma das medidas dos ângulos internos do polígono convexo nos casos:

a) pentágono
b) hexágono
c) octógono
d) eneágono

344 Determine a soma das medidas dos ângulos externos do polígono convexo nos casos:

a) pentágono
b) hexágono
c) decágono
d) icoságono

345 Em cada caso determine a soma dos ângulos internos do polígono convexo em questão:

a)
b)
c)
d)

349 Em cada caso temos um polígono regular, determine Si, Se e indique nas figuras as medidas dos ângulos internos e externos

a) Si = Se=
b)  Si = Se=
c) 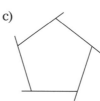 Si = Se=
d)  Si = Se=

350 Determine as incógnitas:

a) Pentágono regular
b) Hexágono regular

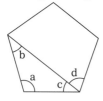 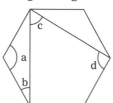

352 Em cada caso temos um pentágono regular, determine as incógnitas:

a)
b)

354 Em cada caso é dado o ângulo externo de um polígono regular. Determine a medida do ângulo interno.

a) 45°
b)  30°
c)  20°

355 Em cada caso é dado o ângulo interno de um polígono regular, complete com a medida do ângulo, externo:

a) 144°, _____
b) 170°, _____
c) 120°, _____
d) 162°, _____

356 Em cada caso é dada a soma dos ângulos internos de um polígono convexo. Determine o número de lados do polígono.

a) Si = 2160° b) Si = 4140° c) Si = 4500°

357 Em cada caso é dado o ângulo externo de um polígono regular. Determine o número de lados do polígono.

a) $a_e = 20°$ b) $a_e = 8°$ c) $a_e = 15°$

358 Em cada caso é dado o ângulo interno de um polígono regular. Determine o número de lados do polígono.

a) $a_i = 156°$ b) $a_i = 170°$ c) $a_i = 144°$

359 Resolver:

a) Determine o número de diagonais de um polígono convexo cuja soma dos ângulos internos é 3600°.

b) Determine o número de diagonais de um polígono regular cujo ângulo interno mede 162°.

360 Resolver:

a) O ângulo oposto de $\hat{B}$ formado pelas bissetrizes dos ângulos $\hat{A}$ e $\hat{C}$ de um polígono regular ABCD.... mede 60°. Quantas diagonais tem este polígono?

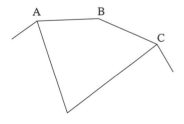

b) O ângulo que coném $\overline{BC}$ formado pela bissetriz de $\hat{A}$ e pela mediatriz de $\overline{CD}$ de um polígono regular ABCD... mede 50°. Qual a soma dos ângulos desse polígono?

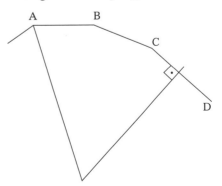

Resp: **288** b) 50°, 30°   **289** Ê = 80°, F̂ = 65°   **293** a) x = 30°, y = 10°   b) x = 20°, y = 15°
302 a) 55°   b) 62°   **307** a) 30°, 120°   b) 50°, 30°, 50°   **312** a) 100°, 80°, 100°, 80°   b) 60°, 120°, 60°, 120°
316 a) 90°, 60°, 150°   b) 15°, 45°, 105°   c) 75°, 30°, 15°   d) 75°, 15°   **330** a) 70°   b) 100°   **331** a) 220°   b) 125°

360 c) O ângulo que contêm de $\overline{CD}$ formado pelas retas que contêm os lados $\overline{AB}$ e $\overline{EF}$ de um polígono regular ABCDEFG..., mede 108°. Quantas diagonais tem este polígono?

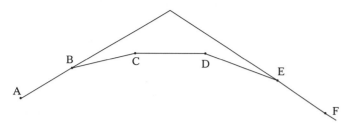

364 Determine o valor de **x** nos casos:

c)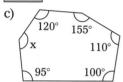

d)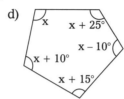

e)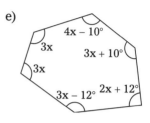

367 Determine **x** nos casos:

a)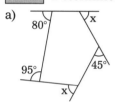

b)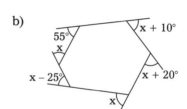

368 Determine as incógnitas se os polígonos são regulares, nos casos:

a) Pentágono e quadrado

b) Pentágono e triângulo

c) Hexágono e quadrado

d) Hexágono e pentágono

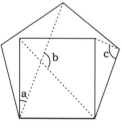 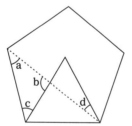 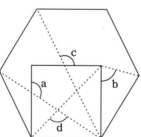 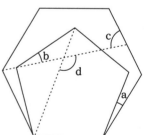

371 Resolver:

a) Qual é o polígono convexo cujo número de diagonais é o quádruplo do número de lado?

b) Qual é o polígono cujo e os número de lados é o do número de diagonais?

371 c) Qual é o polígono cujo número de diagonais excede o número de lados em 18?

d) Qual é o polígono cuja diferença entre os números de lados e diagonais é 25?

372 Resolver:

a) Quantas diagonais partem de cada vértice de um polígono de 25 lados?

b) Se de cada vértice de um polígono partem 30 diagonais, quantos lados tem esse polígono?

c) Se de cada vértice de um polígono partem 28 diagonais, quantas diagonais ele tem?

d) Se o ângulo interno de um polígono regular mede 170°, quantas diagonais partem de cada vértice desse polígono?

e) Se de cada vértice de um polígono regular partem 15 diagonais, quanto mede cada ângulo interno dele?

f) Se de cada vértice de um polígono partem 20 diagonais, quanto vale a soma dos ângulos internos desse polígono?

g) Se um polígono tem 324 diagonais, quantas partem de cada vértice?

h) Se a soma dos ângulos internos de um polígono vale 5400°, quantas diagonais partem de cada vértice dele?

Resp: **342** a) 14 b) 35 c) 90   **343** a) 540° b) 720° c) 1080° d) 1260°   **344** a) 360° b) 360° c) 360° d) 360°   **345** a) 180° b) 360° c) 540° d) 720°   **349** a) 180°, 360°, 60°, 120° b) 360°, 360°, 90°, 90° c) 540°, 360°, 108°, 72° d) 720°, 360°, 120°, 60°   **350** a) 108°, 36°, 36°, 72° b) 120°, 30°, 60°, 90°   **352** a) 36°, 36°, 72°, 72° b) 72°, 72°, 108°   **354** a) 135° b) 150° c) 160°   **355** a) 36° b) 10° c) 60° d) 18°   **356** a) 14 b) 25 c) 27   **357** a) 18 b) 45 c) 24   **358** a) 15 b) 36 c) 10   **359** a) 209 b) 170   **360** a) 54 b) 2880°

373 Resolver:

a) Quantas diagonais tem o polígono regular cujo ângulo interno excede o ângulo externo em 90°?

b) O ângulo que contém os vértices **B** e **C** formado pelas bissetrizes de $\hat{A}$ e $\hat{D}$ de um polígono regular ABCD.... mede 60°. Quantas diagonais tem esse polígono?

c) As mediatrizes dos lados $\overline{AB}$ e $\overline{EF}$ de um polígono regular ABCDEFG... são perpendiculares. Quantas diagonais tem esse polígono?

d) O ângulo interno de um polígono regular excede o ângulo que contém $\overline{CD}$, formado pelas mediatrizes dos lados $\overline{AB}$ e $\overline{DE}$ em 148°. Quantos lados tem esse polígono?

e) Os números de lados de dois polígonos são números pares consecutivos. Se a soma das medidas dos ângulos internos desses dois polígonos é 3960°, quantas diagonais tem o polígono com maior número de lados?

f) A soma dos números de diagonais de três polígonos regulares cujos números de lados são números inteiros consecutivos é 82. Quantas diagonais tem o polígono com ângulo externo menor?

378 Se o triângulo ABP é equilátero, determine **x** nos casos:

a) ABCDE é pentágono regular

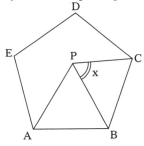

b) ABCDE é pentágono regular

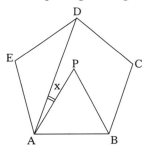

383 Quantas diagonais de um polígono regular de 18 lados não passam pelo centro do polígono?

384 Um polígono regular tem 189 diagonais. Quantas delas não passam pelo centro?

385 A diferença entre o número de diagonais que não passam pelo centro e o número das que passam pelo centro, de um polígono regular é de 42. Quanto mede o ângulo interno desse polígono?

386 Resolver:

a) Qual o polígono regular que tem 6 diagonais passando pelo seu centro?

b) Um polígono regular tem 170 diagonais. Quantas passam pelo centro?

c) O ângulo interno de um polígono regular mede 140°, quantas diagonais passam pelo centro?

d) Um polígono regular tem 30 diagonais que não passam pelo centro. Quanto mede cada ângulo interno desse polígono?

Resp: **360** c) 170   **364** c) 140°   d) 100°   e) 40°   **367** a) 70°   b) 60°   **368** a) 18°, 117°, 81°
b) 36°, 96°, 48°, 24°   c) 120°, 75°, 120°, 105°   d) 12°, 12°, 84°, 132°   **371** a) undecágono
b) quadrilátero   c) eneágono   d) decágono   **372** a) 22   b) 33   c) 434
d) 33   e) 160°   f) 3780°   g) 24   h) 29

RETAS PERPENDICULARES

451 Sendo AM a mediana relativa a hipotenusa, determine as incógnitas nos casos:

a)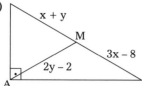

b) $\overline{BS}$ é bissetriz
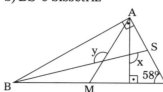

452 Se o triângulo ABC é retângulo de hipotenusa $\overline{BC}$ e $\overline{AM}$ é medianam determine x:

a)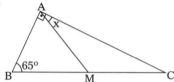

b)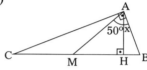

453 Em cada caso abaixo temos um triângulo isósceles de base $\overline{BC}$. Determine o ângulo da base.

a)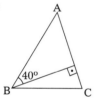

b)

454 No triângulo ABC da figura, se $\overline{AH}$ é altura e $\overline{BS}$ é bissetriz, determine $B\hat{S}C$ dados $B\hat{A}H = 30°$ e $A\hat{C}B = 40°$.

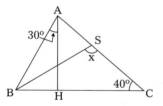

455 Da figura, sabemos que $\overline{AH}$ é altura e $\overline{AS}$ é bissetriz relativas a $\overline{BC}$ do triângulo ABC. Se $\hat{B} = 70°$ e $H\hat{A}S = 15°$, determine $\hat{C}$.

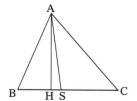

465 Em cada caso são dados ângulos de lados respectivamente perpendiculares. Determine as incógnitas.

a)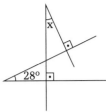

b)

c)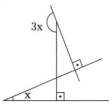

d)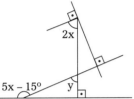

e)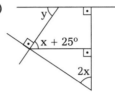

466 Se AM é mediana relativa a hipotenusa do triângulo retângulo, determine as incógnitas nos casos:

a)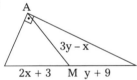

b)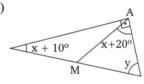

488 As retas **r** e **s** da figura ao lado são paralelas e DE = 2AB. Determine x:

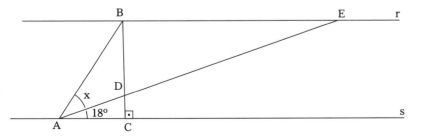

Resp: **373** a) 20   b) 135   c) 104   d) 45   e) 77   f) 35   **378** a) 66°   b) 12°   **383** 126   **384** 189   **385** 150   **386** a) dodecágono   b) 10   c) 0   d) 144°

BASE MÉDIA E PONTOS NOTÁVEIS

491 Se **M** e **N** são pontos médios de lados do triângulo, determine x nos casos:

e) 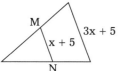   f)   g)

492 Os pontos sobre os lados do triângulo são pontos médios dos lados, determine as incógnitas.

d) 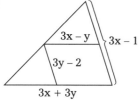   e)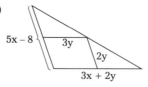

493 Se **M** e **N** são os pontos médios dos lados oblíquos às bases do trapézio, determine as incógnitas nos casos:

d)   e)

j) 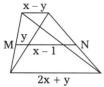   k)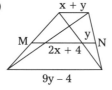

494 Se os pontos sobre os lados oblíquos às bases, dos trapézios, dividem-nos em partes iguais, determine as incógnitas nos casos:

a) 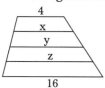   b)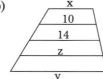

494 c)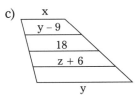

---

495 Se $\overline{AM}$ e $\overline{BN}$ são medianas do triângulo, determine x nos casos:

a) 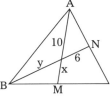 b) 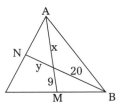 c)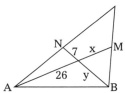

d) 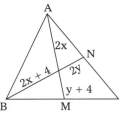 e)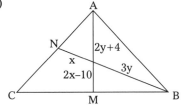

---

496 Se $\overline{AM}$, $\overline{BN}$ e $\overline{CP}$ são medianas do triângulo ABC, determine as incógnitas.

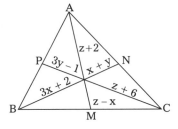

---

498 Considerando que os segmentos com "marcas iguais" são congruentes, determine o valor da incógnita nos casos:

b) Trapézio   d) Trapézio (MN = x − 2y + 5)

Resp: **451** a) 10, 12   b) 106°, 132°   **452** a) 25°   b) 20°   **453** a) 65°   b) 61°   **454** 110°
455 40°   **465** a) 28°   b) 60°   c) 45°   d) 35°, 70°   e) 25°, 50°   **466** a) 7, 8   b) 30°, 50°
488 36°

499 Em cada caso os pontos sobre os lados do triângulo são pontos médios dos lados. Determine as incógnitas.

a)
b)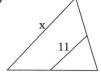
c)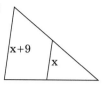

d)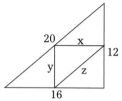
e)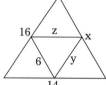
f)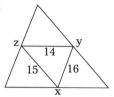

500 Determine o lado BC do triângulo ABC sendo **M** e **N** pontos médios dos lados AC e AB.

a)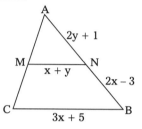
b)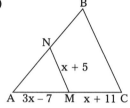

501 Se os pontos sobre os lados do trapézio são pontos médios, determine as incógnitas nos casos:

a)
b)
c)

d)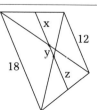
e)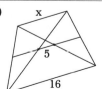
f)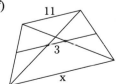

504 Se os segmentos internos ao triângulos ABC são medianas, determine as incógnitas:

a)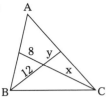

b)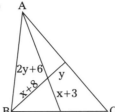

c)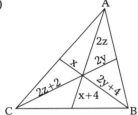

511 Considerando congruentes os segmentos com "marcas iguais", determine o valor da incógnita nos casos:

a)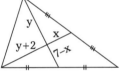

b) Paralelogramo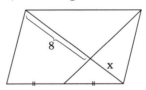

CIRCUNFERÊNCIA E CÍRCULO

534 Se a reta **r** é perpendicular, pelo centro da circunferência, à corda, determine as incógnitas nos casos:

a)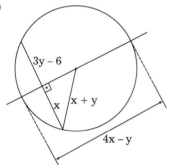

b)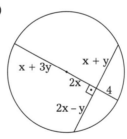

Resp: **491** e) 5   f) 13   g) 11   **492** d) 5, 3   e) 4, 3   **493** d) 14   e) 8, 4   j) 6, 2   k) 4, 4   **494** a) 7, 10, 13 b) 6, 22, 18
   c) 12, 24, 15   **495** a) 5, 12   b) 18, 10   c) 13, 14   d) 10, 6   e) 9, 6   **496** 4, 3, 10
498 b) 3, 4   d) 20, 6

537 Determine PA nos casos:

a)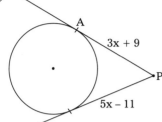

b)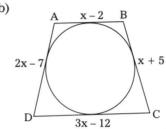

540 Determine os lados do quadrilátero nos casos:

a)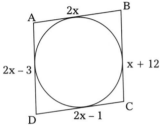

b>

541 Determine os lados do triângulo nos casos:

a)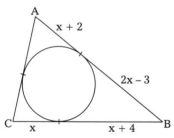

b)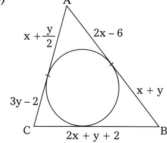

542 Determine o raio do círculo nos casos:

a)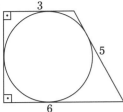

b)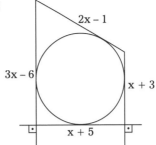

543 Determine o raio do círculo nos casos:

a)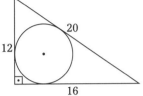

b)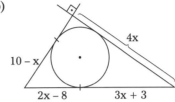

544 Determine os catetos AB e AC do triângulo retângulo ao lado.

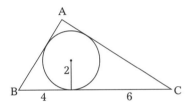

557 Determine as incógnitas nos casos:

a)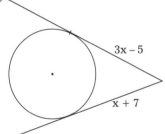

b)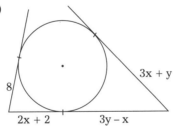

c)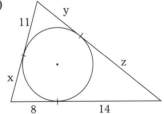

d)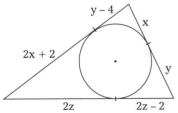

Resp: **499** a) 13 b) 22 c) 9 d) 8, 6, 10 e) 12, 8, 7 f) 28, 30, 32   **500** a) 32 b) 28

501 a) 26 b) 25 c) 25 d) 6, 3, 6 e) 6 f) 17   **504** a) 16, 6 b) 8, 8 c) 9, 7, 13

511 a) 4, 6 b) 4   **534** a) 6, 4 b) 8, 4

558 Determine PA nos casos:

a)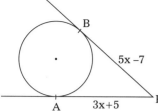

b)

559 Determine os lados do triângulo ABC nos casos:

a)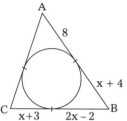

b)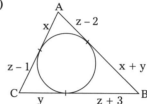

560 Determine x nos casos:

a)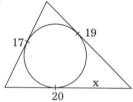

b)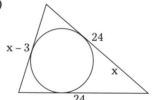

561 Determine x nos casos:

a)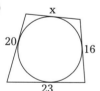

b)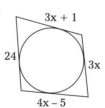

562 Determine o perímetro do quadrilátero nos casos:

a)

b)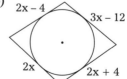

570 Duas circunferências com raios 6 m e 20 m são tangentes. Determine o raio de uma circunferência que seja concêntrica com uma e tangente à outra.

580 Na figura, as circunferências são tangentes duas a duas e os centros são os vértices do triângulo ABC. Sendo AB = 7 cm, AC = 5 cm e BC = 6 cm, determine os raios das circunferências.

581 As circunferências são tangentes externamente em Q e $\vec{PA}$ e $\vec{PB}$ são tangentes às circunferências. Determine a medida do ângulo $A\hat{Q}B$ nos casos:

a) onde t é tangente comum e $A\hat{P}B = 80°$

b) com $A\hat{P}B = 100°$

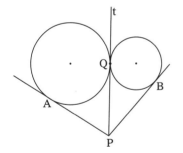

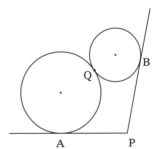

587 Se PA = 24 m, determine o perímetro do triângulo PCD.

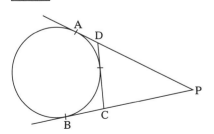

Resp: **537** a) 39 b) 28 **540** a) 20, 22, 19, 17 b) 10, 17, 24, 17 **541** a) 20, 18, 16 b) 22, 22, 20 **542** a) 2 b) 6 **543** a) 4 b) 3 **544** 6, 8 **557** a) 6 b) 3, 6 c) 8, 11, 14 d) 4, 8, 5

ÂNGULOS RELACIONADOS COM ARCOS

608 Determine o valor de **x** nos casos:

a)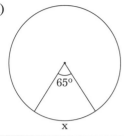

b)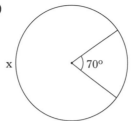

c)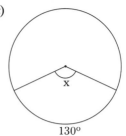

d)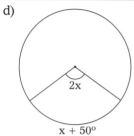

e)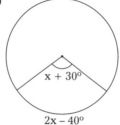

f)

609 Determinar as incógnitas, nos casos:

d)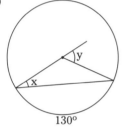

e)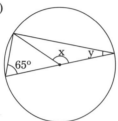

f)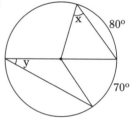

610 Determine **x** nos casos:

d)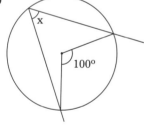

e)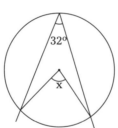

f)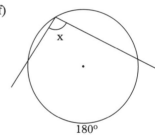

611 Determine as incógnitas nos casos:

a)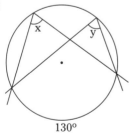

b)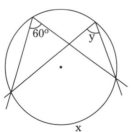

c)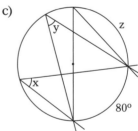

d)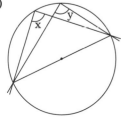

e)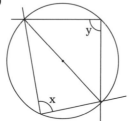

f)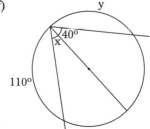

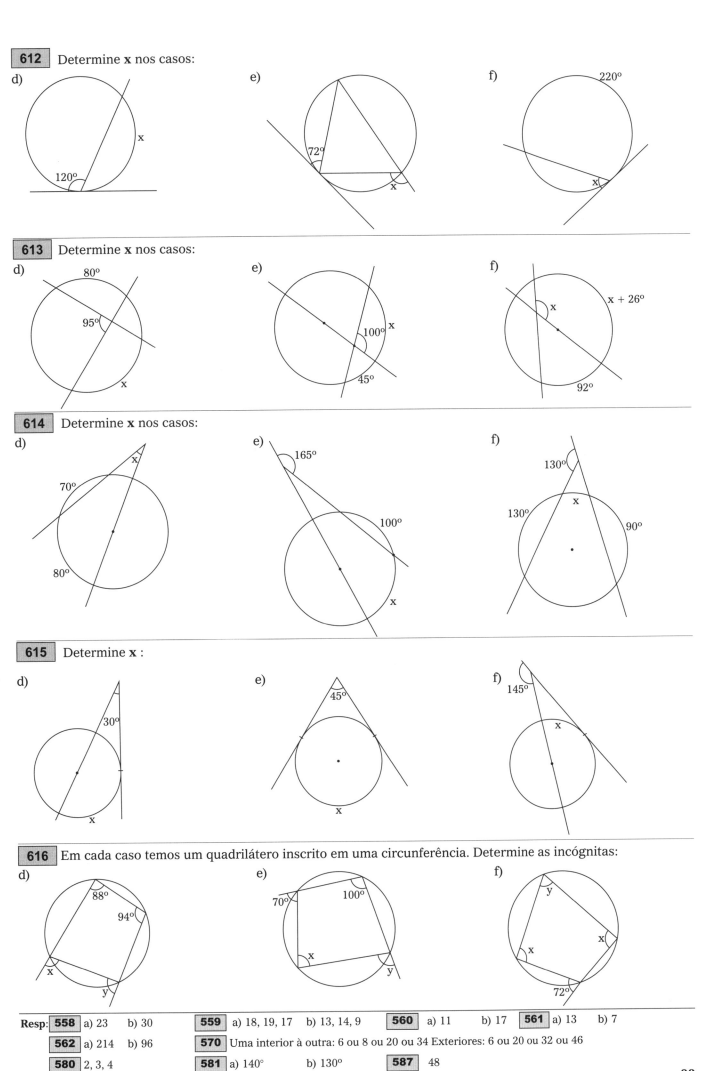

617 O quadrilátero ABCD em cada caso é inscritível. Determine seus ângulos:

a)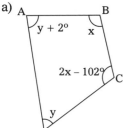

b)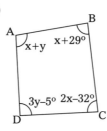

618 Determine as incógnitas nos casos:

a)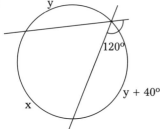

b)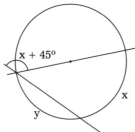

c)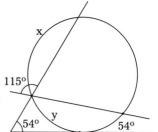

619 Determine as incógnitas nos casos:

a)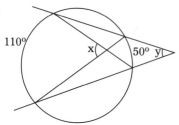

b)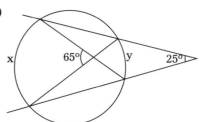

620 Determine $\hat{A} + \hat{C}$ nos casos:

a)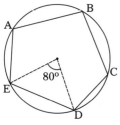

b)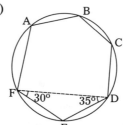

621 Determine **x** e **y**.

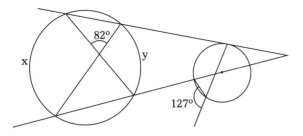

622 Determine o valor do ângulo **x** nos casos:

a) 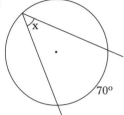 b) 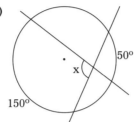 c)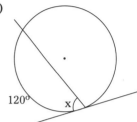

d) 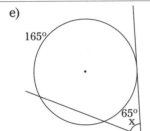 e) 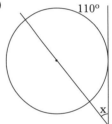 f)

623 Determine o valor do arco **x** nos casos:

a) 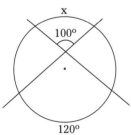 b) 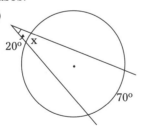 c)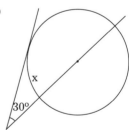

d) 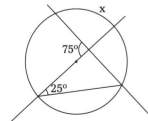 e) 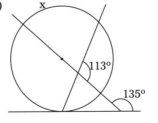 f)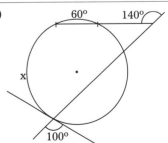

Resp: **608** a) 65° b) 290° c) 130° d) 50° e) 70° f) 50°   **609** d) 25°, 50° e) 130°, 25° f) 50°, 35°
610 d) 50° e) 64° f) 90°   **611** a) 65°, 65° b) 120°, 60° c) 40°, 40°, 100° d) 90°, 90° e) 90°, 90°
f) 35°, 100°   **612** d) 120° e) 108° f) 70° :   **613** d) 90° e) 65° f) 114°
614 d) 25° e) 55° f) 20°   **615** d) 120° e) 225° f) 55°   **616** d) 94°, 88°
e) 80°, 110° f) 90°, 72°

ÁREAS DE REGIÕES POLIGONAIS

650 Determine a área do polígono nos casos (unidade das medidas: m):

a) Trapézio
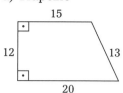

b) Trapézio
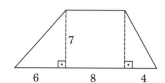

c) Trapézio isósceles
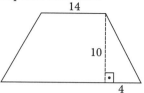

d)
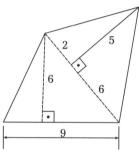

e)
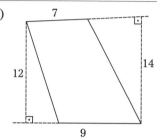

f)
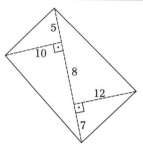

651 Em cada caso é dada a área de um triângulo, determine as áreas pedidas. (Áreas do triângulo ABC = (ABC)). As retas r e s são paralelas.

a) (ABC) = 25 m², (PBC) e (QBC)

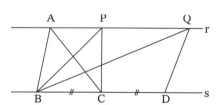

b) (ABC) = 41 m², (PBC) e (QBD)

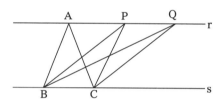

c) (ABC) = 50 m², (PBC), (QBC), (PBD) e (RBD)

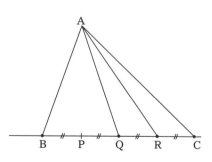

d) (ABC) = 120 m², (ABQ), (ARC) e (ABR)

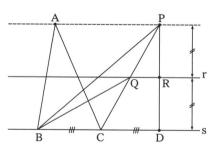

655 Determine o valor de **x** nos casos:

a)
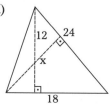

b) Paralelogramo
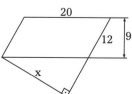

656 Em cada caso é dada a área do polígono. Determine as incógnitas:

a) Triângulo (216 m²)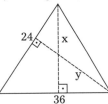

b) Paralelogramo (72 m²)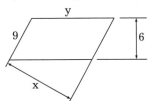

664 Determinar as áreas dos polígonos (unidades das medidas m):

a) Quadrado

b) Retângulo

c) Paralelogramo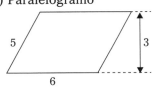

d) Paralelogramo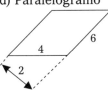

e) Losango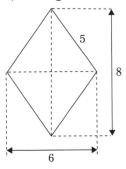

f) Losango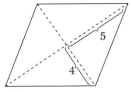

g) Qualquer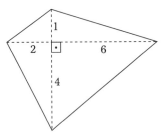

h) Quadrado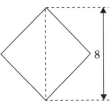

i) Trapézio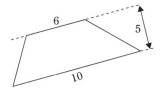

j) Trapézio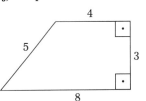

665 Determine a área do triângulo nos casos:

a)

b)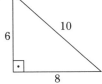

c)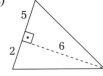

d)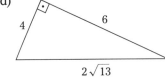

Resp **617** a) 82°, 100°, 98°, 80° b) 92°, 89°, 88°, 91° **618** a) 120°, 100° b) 90°, 90° c) 100°, 76°
619 a) 80°, 30° b) 90°, 40° **620** a) 220° b) 245° **621** 114°, 82°
622 a) 35° b) 100° c) 60° d) 25° e) 50° f) 20° **623** a) 80° b) 30° c) 60° d) 80° e) 89° f) 110°

666 A área do polígono é dada em cada caso, determinar **x**.

a) Quadrado (36 m²)

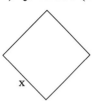

b) Retângulo (24 m²)

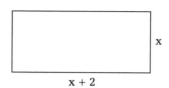

c) Trapézio (10 m²)

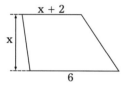

Trapézio (18 m²)

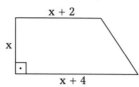

d) Paralelogramo (32 m²)

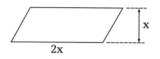

e) Qualquer (21 m²)

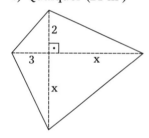

f) Qualquer (15 m²)

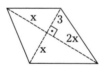

g) Losango (40 m²)

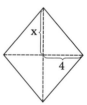

h) Retângulo (18 m²)

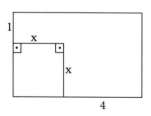

i) Quadrado e Triângulo (Triângulo maior: 75 m²)

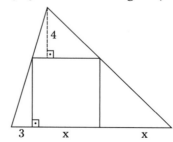

666 j) Paralelogramo (24 m²)   k) Quadrado e Trapézio (Trapézio: 30 m²)

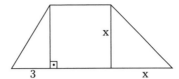

l) Trapézio (grande: 27 m²)   m) Paralelogramo

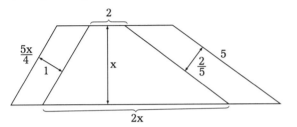
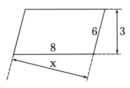

667 Resolver os problemas:

a) Determinar a área de um retângulo de 24 m de perímetro se a sua base é o dobro da altura.

b) Determinar a área de um retângulo de perímetro 40 m se uma dimensão excede a outra em 4 m.

c) A área de um retângulo é de 54 m² e uma dimensão é igual a $\frac{3}{2}$ da outra. Determinar as dimensões.

d) A área de um retângulo é 30 m² e o seu perímetro 22 m. Determinar as dimensões.

e) Uma diagonal de um losango é o dobro da outra. Determine-se a área do losango é de 72 m².

Resp: **650** a) 210 b) 91 c) 180 d) 47 e) 103 f) 220 **651** a) 25, 25 b) 41, 82 c) 50, 25, 100, 50 d) 60, 30, 90
655 a) 9 b) 15 **656** a) 12, 18 b) 8, 12 **664** a) 36 m² b) 40 m² c) 18 m² d) 12 m²
e) 24 m² f) 40 m² g) 20 m² h) 32 m² i) 40 m² j) 18 m²
665 a) 15 b) 24 c) 21 d) 12

671 Resolver:

a) Um retângulo tem 28 m de perímetro e a razão entre os lados é 2:5. Determine a sua área.

b) Um retângulo tem 120 m². Um lado excede o outro em 7 m. Determine o seu perímetro.

c) Um retângulo tem 60 m de perímetro e 221 m². Determine seus lados.

d) A razão entre as diagonais de um losango de 108 m² é 2:3. Determine as diagonais.

e) Os lados oblíquos de um trapézio circuncritível medem 7 m e 11 m e o raio da circunferência inscrita mede 2 m. Qual a área desse trapézio?

673 Se os raios dos círculos medem 4 m. Determine a área do retângulo nos casos:

a)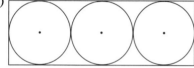

b)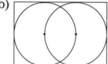

675 Seja **P** um ponto interno de um triângulo equilátero. Mostre que a soma das distâncias entre **P** e os lados do triângulo é igual a altura do triângulo.

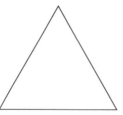

676 Detrmine a área do triângulo sombreado em função da área k do triângulo ABC nos casos a seguir, sabendo que os pontos assinalados em cada lado o dividem em partes iguais (congruentes).

a)

b)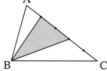

c)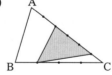

d)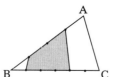

677 Determine a área da região sombreada em função da área **k** do paralelogramo ABCD nos casos a seguir, sabendo que os pontos assinalados sobre cada lado o dividem em partes de medidas iguais.

a)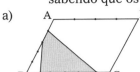

b)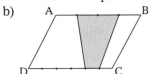

678 Em cada caso é dada a área do polígono. Determine **x**.

a) 90 m²

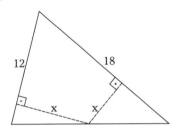

b) 132 m²

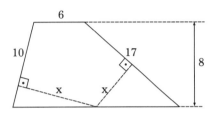

PITÁGORAS

685 Determine o valor de **x** nos casos:

a) 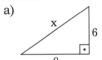   b) 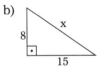   c) 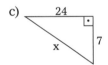   d)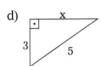

e) 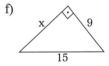 ... f)

f)   g) 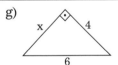   h)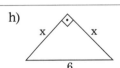

686 Determine **x** nos casos:

a) 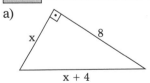   b) 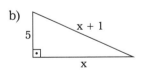   c)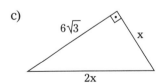

Resp: **666** a) 6 m, $6\sqrt{2}$ m   b) 4 m   c) 2 m, 3 m   d) 4 m   e) 4 m   f) 2 m   g) 5 m   h) 2 m   i) 6 m   j) 2 m
k) 4 m   l) 4 m   m) 4 m   **667** a) 32 m²   b) 96 m²   c) 6 m, 9 m   d) 5 m, 6 m   e) $6\sqrt{2}$ m, $12\sqrt{2}$ m

686 d) 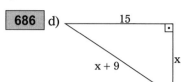   e) 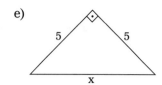   f)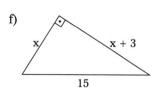

687 Determine **x**:

a) 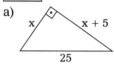   b) 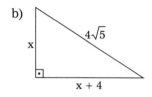   c)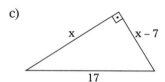

688 Determine as incógnitas, nos casos:

a) 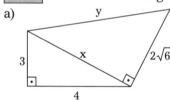   b) 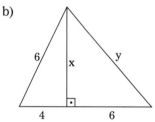   c)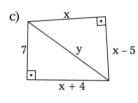

689 Determine **x** nos casos:

a) Quadrado

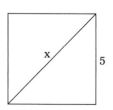

b) Quadrado

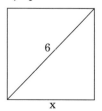

c) Retângulo

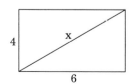

689 d) Retângulo 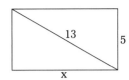   e) 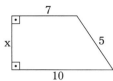   f)

690 Determine **x**.

a) 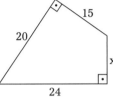   b) 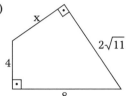   c)

691 Determine a incógnita:

a) Trapézio isósceles 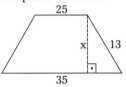   b) Trapézio 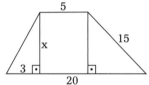   c) Paralelogramo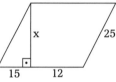

d) Losango 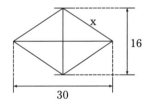   e) Triângulo isósceles 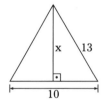   f) Triângulo equilátero

692 Determine **x**:

a) Trapézio 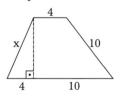   b) Paralelogramo 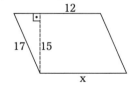   c) Losango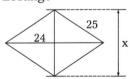

Resp: **671** a) 40 b) 46 c) 13, 17 d) 12, 18 e) 36 **673** a) 192 m² b) 96 m² **676** a) $\frac{1}{3}$k b) $\frac{2}{5}$k c) $\frac{3}{8}$k d) $\frac{11}{24}$k **677** a) $\frac{17}{60}$k b) $\frac{1}{3}$k **678** a) 6 b) 8 **685** a) 10 b) 17 c) 25 d) 4 e) 5 f) 12 g) $2\sqrt{5}$ h) $3\sqrt{2}$ **686** a) 6 b) 12 c) 6

43

692 d) Isósceles 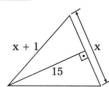   e) Equilátero 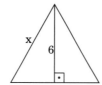   f) Retângulo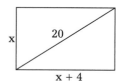

693 Determine **x** nos casos:

a) 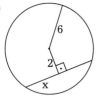   b) 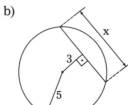   c)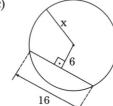

d) 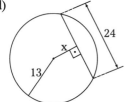   e) 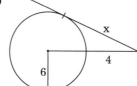   f)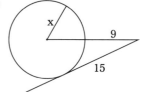

694 Determine **x** nos casos:

a) 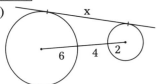   b)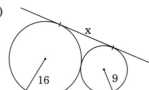

c) AB = 18 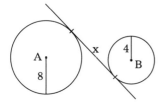   d)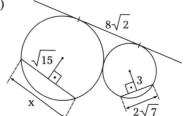

695 Determine **x** e **y** nos casos:

a)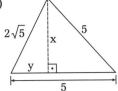

b)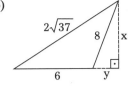

c)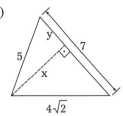

696 Determine a altura **h** indicada em cada triângulo, nos casos:

a)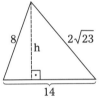

b)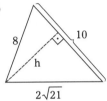

c)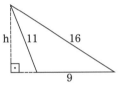

697 Determine a altura dos trapézios:

a)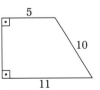

b)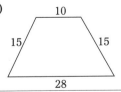

c)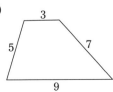

Resp: **686** d) 8   e) $5\sqrt{2}$ f) 9   **687** a) 15   b) 4   c) 15   **688** a) 5, 7   b) $2\sqrt{5}, 2\sqrt{14}$ c) 20, 25
689 a) $5\sqrt{2}$ b) $3\sqrt{2}$ c) $2\sqrt{13}$ d) 12   e) 4   f) 15   **690** a) 7   b) 6   c) 5   **691** a) 12   b) 9   c) 20   d) 17
e) 12   f) $5\sqrt{3}$ **692** a) $4\sqrt{5}$ b) 20   c) 14

698 Determine a área do quadrilátero nos casos (unidade das medidas: m):

a) Retângulo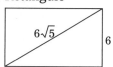

b) Paralelogramo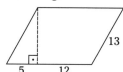

c) Trapézio retângulo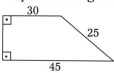

d) Trapézio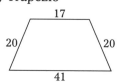

e) Losango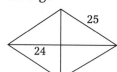

f) Trapézio retângulo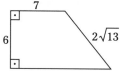

699 Determine a área do triângulo nos casos:

a)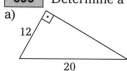

b)

c)

700 Determine a área do triângulo dado o seu perímetro 2p nos casos:

a) 2p = 40 m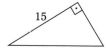

b) Isósceles (2p = 54 m)

c) Equilátero (2p = 36 m)

700 d) Isósceles (2p = 64 m)   e) 2p = 60 m   f) Isósceles (2p = 28 m)

  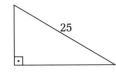 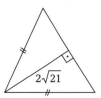

701 Determine a área do trapézio nos casos:

a) Isósceles (2p = 64 m)

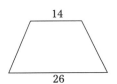

b) Retângulo (2p = 78 m)

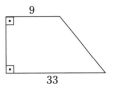

702 Determine a área do polígono nos casos:

a) Triângulo

b) Trapézio

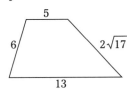

Resp: **692** d) 16   e) $4\sqrt{3}$ f) 12   **693** a) $4\sqrt{2}$ b) 8   c) 10   d) 5   e) 8   f) 8
694 a) $8\sqrt{2}$ b) 24   c) $6\sqrt{5}$ d) 14   **695** a) 4, 2   b) $4\sqrt{3}$, 4   c) 4, 3
696 a) $2\sqrt{7}$ b) $4\sqrt{3}$ c) $4\sqrt{7}$ **697** a) 8   b) 12   c) $2\sqrt{6}$

703 Determine o raio do círculo nos casos:

a)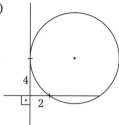

b)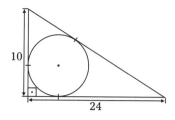

704 Resolver:

a) Determinar a diagonal de um retângulo cuja base mede 16 m e o perímetro é de 72 m.

b) Determinar o lado de um losango cujas diagonais medem 30 m e 40 m.

c) Determinar a altura relativa à base de um triângulo isósceles cuja base mede 24 m e o perímetro é de 60 m.

d) Determinar a altura de um trapézio isósceles cujas bases medem 11 m e 19 m e o perímetro é de 42 m..

e) Determinar a altura de um trapézio retângulo cujas bases medem 4 m e 25 m e o perímetro é de 78 m.

721 Determine o valor de x nos casos:

a)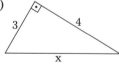
b)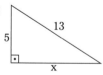
c)
d)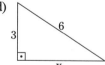

722 Determine x em função de a nos casos:

a)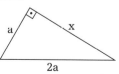

b)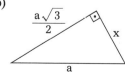

723 Determine **x** nos casos:

a)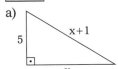

b)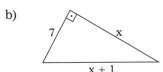

c)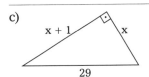

d)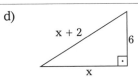

724 Determine **x** nos casos:

a)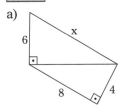

b)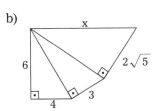

725 Determine **x** nos casos:

a)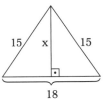

b)

726 Determine o valor de **x** nos casos:

a) Retângulo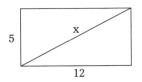

b) Quadrado

Resp: **698** a) 72   b) 204   c) 750   d) 464   e) 336   f) 54   **699** a) 96   b) 60   c) $16\sqrt{3}$

700 a) 60   b) 108   c) $36\sqrt{3}$ d) 168   e) 150   f) $8\sqrt{21}$ **701** a) $120\sqrt{3}$ m²   b) 210 m²

702 a) $12\sqrt{5}$ b) $36\sqrt{2}$

727 Determine o valor de x nos trapézios isósceles:

a) 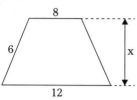   b)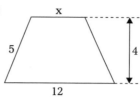

728 Determine o valor de x nos trapézios retângulos:

a) 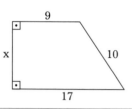   b)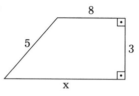

c) 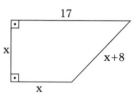   d)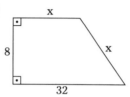

729 Determine o valor de x nos losangos:

a) 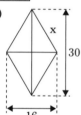   b)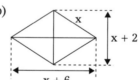

730 Determine o valor de x nos paralelogramos:

a)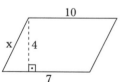

731 Determine a altura do trapézio de bases 10 e 20 da figura.

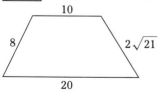

732 Determine o valor de x nos casos:

a) 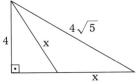 b) 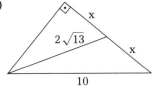 c)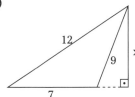

d)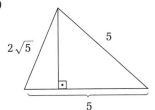

733 Determine o valor de **x** nos casos:

a) 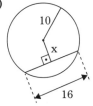 b) 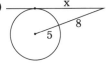 c) 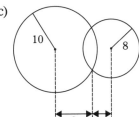 d)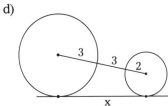

734 Determine o raio do círculo nos casos:

a) 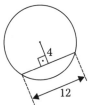 b)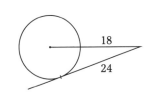

Resp: **703** a) 5 b) 4   **704** a) $4\sqrt{41}$ m b) 25 m c) $6\sqrt{5}$ m   **721** a) 5 b) 12 c) $\sqrt{7}$ d) $3\sqrt{3}$ m²
722 a) $a\sqrt{3}$ m² b) $\frac{a}{2}$ **723** a) 12 b) 24 c) 20 d) 8   **724** a) $2\sqrt{29}$ m² b) 9
725 a) 12 b) $5\sqrt{3}$ **726** a) 13 b) $6\sqrt{2}$

735 Determine o valor de x nos casos:

a)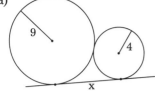

b) AB = 15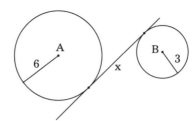

736 Determine o raio do círculo nas figuras:

a) Trapézio retângulo de bases 10 m e 15 m

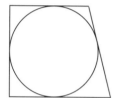

b) AH = 25 m e BC = 30 m e AB = AC

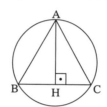

737 Determine o valor de x nos casos:

a)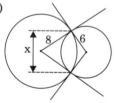

b)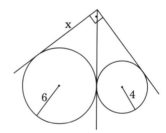

738 Determine o raio do círculo, nos casos, se o triângulo retângulo possui:

a) Catetos de 6 m e 8 m.

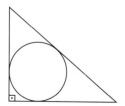

b) um cateto de 8 m e hipotenusa de $4\sqrt{3}$.

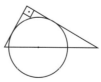

739 Resolva os problemas:

a) Determinar a diagonal de um quadrado de perímetro 20 m.

b) Determinar a diagonal de um retângulo de perímetro 20 m e base 6 m.

c) O perímetro de um losango é 52 m e uma diagonal mede 10 m. Determinar a outra diagonal.

d) As bases de um trapézio isósceles medem 2 m e 18 m e o perímetro 40 m. Determinar a altura.

e) As bases de um trapézio retângulo medem 3 m e 8 m e o lado oblíquo 13 m. Determinar a altura do trapézio.

740 Resolver os problemas:

a) Determinar a altura de um triângulo equilátero de perímetro 24 m.

b) Determinar a altura relativa a base de um triângulo isósceles de base 12 m e perímetro 32 m.

c) Determinar o perímetro de um triângulo equilátero de altura 6 m.

d) Determinar o perímetro de um triângulo isósceles de base 14 m e altura relativa a ela 24 m.

e) O perímetro de um triângulo isósceles é de 18 m e a altura relativa à base mede 3 m. Determinar a base.

f) Determinar a menor altura de um triângulo cujos lados medem 4 m, 5 m e 6 m.

g) Determinar a altura não relativa a base de um triângulo isósceles de lados 10 m, 10 m e 12 m.

Resp: **727** a) $4\sqrt{2}$ b) 6 **728** a) 6 b) 12 c) 5 (o 45 é incorente com a figura) d) 17 **729** a) 17 b) 10 **730** a) 5 b) 10 **731** $4\sqrt{3}$ **732** a) 5 b) 4 c) $4\sqrt{5}$ d) 4 **733** a) 6 b) 12 c) $2\sqrt{7}$ d) $3\sqrt{7}$ **734** a) $2\sqrt{13}$ b) 7

741 Determine a área do triângulo nos casos:

a) Isósceles (2p = 28m)

b) Isósceles (2p = 100 m)

c)

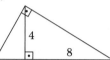

d) Isósceles

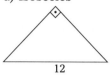

e)

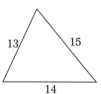

f)

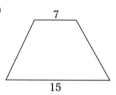

742 Determine a área dos quadriláteros:

a)

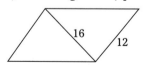

b) 2p = 70 m

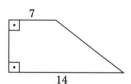

c) Paralelogramo (2p = 64 m)

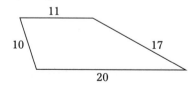

d) Trapézio

743 Determine a área dos quadriláteros:

a)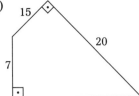

b)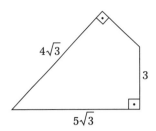

744 Determine o raio do círculo sabendo que AB = 16 e PM = 4, sendo M o ponto médio de $\overline{AB}$.

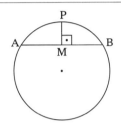

750 Determine o valor de **x** nos casos:

a)

b)

c)

751 Determine o raio da circunferência menor em função do raio **R** da circunferência maior:

a)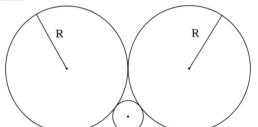

b)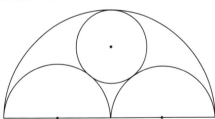

Resp: **735** a) 12 b) 12   **736** a) 6   b) 17   **737** a) 9,6 b) 12   **738** a) 2   b) 4,8   **739** a) $5\sqrt{2}$ m
b) $2\sqrt{13}$ m   c) 24 m   d) 6 m   e) 12 m   **740** a) $2\sqrt{3}$ m   b) 8 m   c) $12\sqrt{3}$ m   d) 64 m
e) 8 m   f) $\frac{5\sqrt{7}}{4}$ m   g) 9,6 m

751 c) 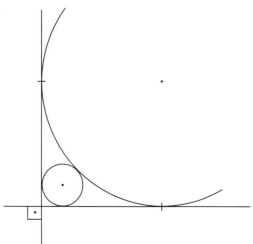 d)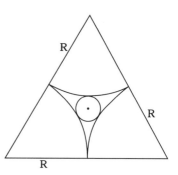

752 Os cinco círculos da figura têm raios iguais e o quadrilátero é um quadrado de lado **a**. Determine o raio em função de **a**.

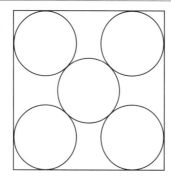

753 Na figura temos um setor de 90° de raio **R**. Determine o raio do círculo menor em função de **R**.

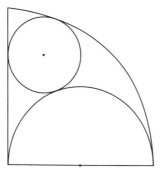

754 Os segmentos PA e PB formam ângulos de 45° com o diâmetro. Se AB = 12 m determine o raio do círculo.

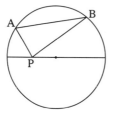

755 Determinar a área do polígono nos casos (unidade das medidas: metro):

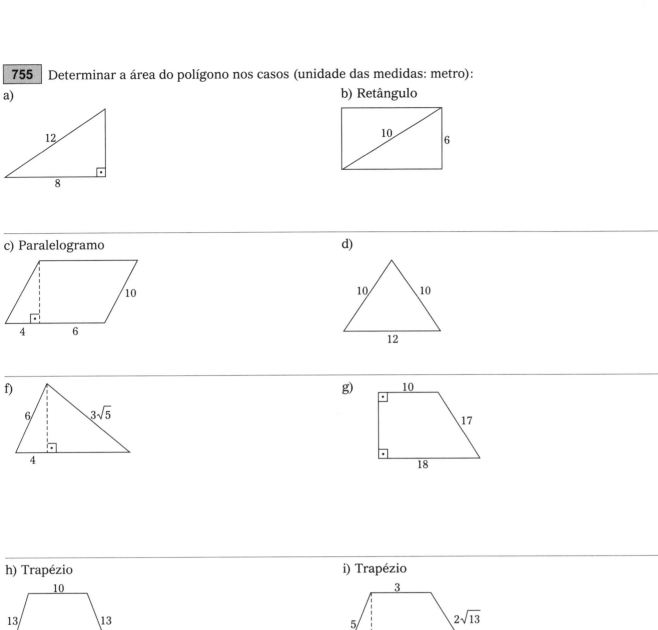

a)

b) Retângulo

c) Paralelogramo

d)

f)

g)

h) Trapézio

i) Trapézio

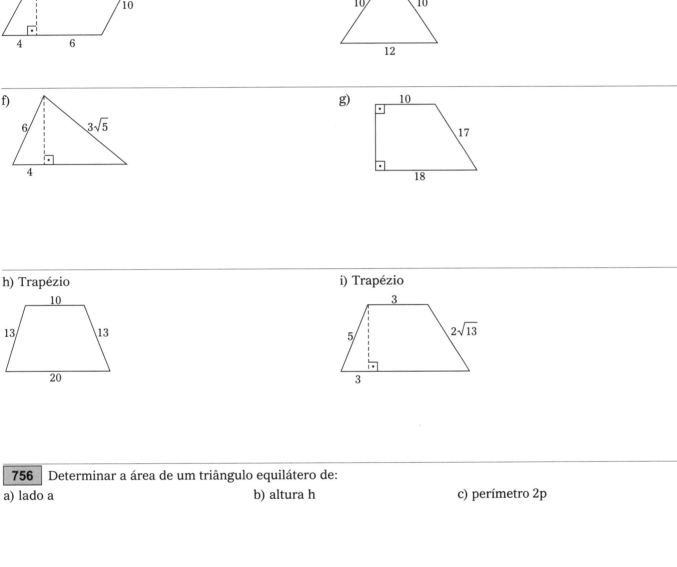

756 Determinar a área de um triângulo equilátero de:

a) lado a   b) altura h   c) perímetro 2p

Resp: **741** a) $8\sqrt{21}$ b) 360   c) 39   d) 36   e) 20   f) 84   **742** a) $22\sqrt{5}$ b) 252   c) 192   d) 124
743 a) 234   b) $19,5\sqrt{3}$ **744** 10   **750** a) 20   b) 9   c) 15   **751** a) $\frac{R}{4}$ b) $\frac{R}{3}$

757 Resolver os problemas:

a) A altura de um retângulo mede 8 m, a diagonal, excede a base em 2 m. Determinar a diagonal.

b) O perímetro de um retângulo é de 30 m e a diagonal mede $5\sqrt{5}$ m. Determinar os lados deste retângulo.

c) A altura relativa à base de um triângulo isósceles excede a base em 2 m. Determinar a base se o perímetro é de 36 m.

---

758 Resolver:

a) Cada um dos lados congruentes de um triângulo isósceles excede a base em 3 m. Determinar a base se a altura relativa a ela é de 12 m.

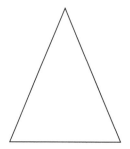

b) A diferença entre as medidas das diagonais de um losango de 68 m de perímetro é 14 m. Determinar as diagonais deste losango.

c) As bases de um trapézio retângulo medem 3 m e 9 m e o seu perímetro é de 30 m. Determinar a altura.

---

759 Resolver:

a) Determinar a área de um triângulo isósceles de perímetro 36 m se a altura relativa a base mede 12 m.

759 b) Determinar a área de um retângulo de diagonal 15 m e perímetro 42 m.

c) As bases de um trapézio retângulo medem 3 m e 18 m e o perímetro 46 m. Determinar a área.

760 Resolver:

a) A altura de um trapézio isósceles mede $3\sqrt{3}$ m , a base maior 14 m e o perímetro 34 m. Determinar a área desse trapézio.

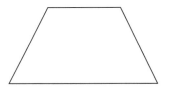

b) As bases de um trapézio medem 4 m e 25 m e os lados oblíquos medem 10 m e 17 m. Determinar a área desse trapézio.

c) De um losango sabemos que uma diagonal excede a outra em 4 m que por sua vez excede o lado em 2 m. Determinar a área desse losango.

761 Resolver:

a) A diagonal de um trapézio isósceles é bissetriz do ângulo da base maior. Se a altura desse trapézio mede $3\sqrt{5}$ m e o perímetro 48 m, determinar a área desse trapézio.

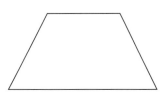

Resp: **751** c) $(3-2\sqrt{2})R$ d) $\dfrac{(2\sqrt{3}-3)R}{3}$ **752** $\dfrac{a}{2}(\sqrt{2}-1)$ **753** $\dfrac{R}{4}$ **754** $6\sqrt{2}$ **755** a) $16\sqrt{5}$ b) 48 c) $20\sqrt{21}$ d) 48 e) $16\sqrt{3}$ f) $9\sqrt{5}$ g) 210 h) 180 i) 30 **756** a) $\dfrac{a^2\sqrt{3}}{4}$ b) $\dfrac{h^2\sqrt{3}}{3}$ c) $\dfrac{p^2\sqrt{3}}{9}$

761

b) Um lado de um quadrado é corda de uma circunferência e o lado oposto é tangente a ela. Determinar a área do quadrado sendo 10 m e o raio do círculo.

c) A diagonal maior de um trapézio retângulo é bissetriz do ângulo agudo. Se a altura e a base maior medem 5 m e 25 m, determinar a área desse trapézio.

762 Resolver:

a) A base de um triângulo isósceles excede a altura em 10 m. Se a área desse triângulo é 300 m², quando mede a altura não relativa à base desse triângulo.

b) Uma diagonal de um losango mede 40 m e a sua altura 24 m. Determinar a área desse losango.

c) As medianas relativas aos catetos de um triângulo retângulo medem $2\sqrt{73}$ m e $4\sqrt{13}$ m. Determinar a área desse triângulo.

763 Resolver:

a) Determinar a menor altura e a área de um triângulo de lados 5m, $3\sqrt{5}$ m e 10 m.

b) Considere um triângulo retângulo e a circunferência inscrita nele. Se o ponto de contacto entre a hipotenusa e a circunferência determina na hipotenusa segmentos de 4 m e 6 m, determinar a área do triângulo.

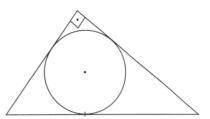

764 Resolver:

a) A altura relativa à base de um triângulo isósceles mede 9 m e um mediana $\frac{15}{2}$ m. Determinar a área desse triângulo.

b) Dois lados de um triângulo medem 6 m e 8 m e as medianas relativas a esses lados são perpendiculares. Determinar a área desse triângulo.

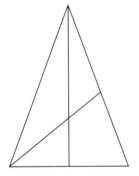

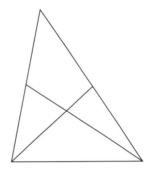

c) As medianas relativas aos lados congruentes de um triângulo isósceles medem 15 m cada uma. Determinar a mediana relativa à base se a área do triângulo é de 144 m².

Resp: **757** a) 17   b) 5 e 10   c) 10   **758** a) 10   b) 30, 16   c) 8   **759** a) 60   b) 108   c) 84

760 a) $33\sqrt{3}$ b) 116   c) 96   **761** a) $45\sqrt{5}$

764 d) A hipotenusa de um triângulo retângulo mede 24 m e uma mediana relativa a um cateto é perpendicular à mediana relativa à hipotenusa. Determinar a área desse triângulo.

765 Resolver:

a) Determinar as diagonais de um trapézio retângulo de bases 2 m e 8 m e lado oblíquo $6\sqrt{2}$ m.

b) Determinar as diagonais de um trapézio isósceles de bases 5 m e 11 m e lado oblíquo $3\sqrt{5}$ m.

c) Determinar as diagonais de um trapézio de bases 3 m e 12 m e lados oblíquos 6 m e $3\sqrt{5}$ m.

766 As medianas de um triângulo medem 9 m, 12 m e 15 m. Determinar a área desse triângulo.

767 Os lados de um triângulo medem 5 m, 9 m e $2\sqrt{13}$ m. Determine as projeções ortogonais dos lados menores sobre o maior.

768 Os lados oblíquos às bases de um trapézio medem 10 m e 17 m e as bases medem 2 m e 23 m. Determine as projeções ortogonais dos outros lados sobre a base maior.

TALES E CONSEQUÊNCIAS

770 Em cada caso temos um feixe de retas paralelas cortadas por transversais. Determine **x**.

a)
b)

771 Dado um feixe de paralelas, determine **x** nos casos:

a)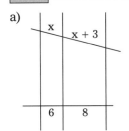
b)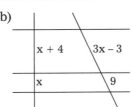
c)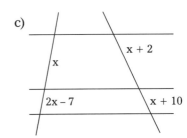

Resp: **761** b) 256   c) 95   **762** a) 24   b) 600   c) 96   **763** a) 3, 15   b) 24
764 a) 36   b) $4\sqrt{11}$ c) 18 ou 24

772 As retas **r**, **s** e **t** são paralelas. Determine **x**.

a)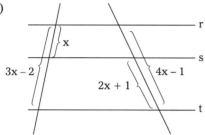

b)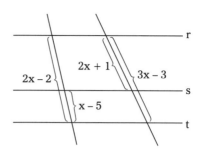

773 O segmento interno ao triângulo, em cada caso, é paralelo a um lado. Determine **x**.

a)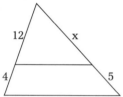

b)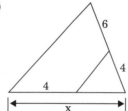

c)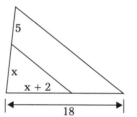

774 As retas **r**, **s** e **t** são paralelas. Determinar as incógnitas nos casos:

a)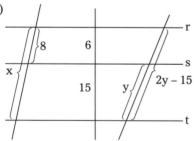

b)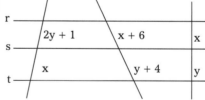

777 Em cada caso as retas **r**, **s** e **t** são paralelas. Determine as incógnitas:

a)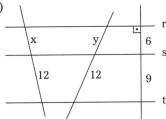

b)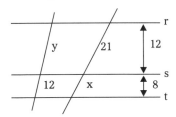

778 Determine as incógnitas:

a)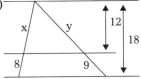

b)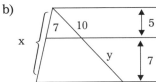

779 Determine a altura relativa ao lado BC do triângulo ABC nos casos:

a)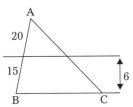

b)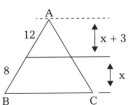

780 Determine a altura do trapézio em questão nos casos:

a)

b)

781 Em cada caso AS é bissetriz do triângulo. Determine **x**:

a)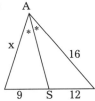

b)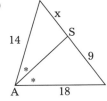

c)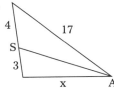

Resp: **764** d) $96\sqrt{2}$ **765** a) 10, $2\sqrt{10}$ b) 10   c) $2\sqrt{21}$, $\sqrt{69}$ **766** 72   **767** 3, 6   **768** 6, 15, 2

770 a) 6   b) 8   **771** a) 9   b) 6   c) 14

781 d) 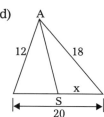 e) 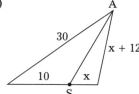 f)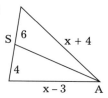

782 Em cada caso AS' é bissetriz externa do triângulo. Determine **x**:

a) 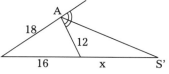 b)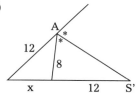

c) 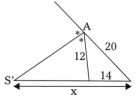 d)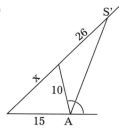

783 Na figura AS é bissetriz interna e AS' é bissetriz externa. Determine **x**.

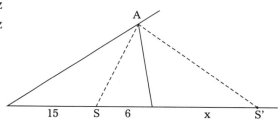

785 Determine a área do triângulo ABC nos casos:

a) $\overline{MN} \parallel \overline{BC}$ 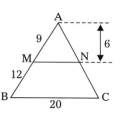 b)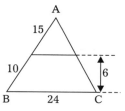

786 Determine a área do trapézio nos casos:

a) 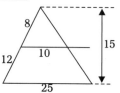 b)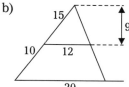

790 Determinar o valor de **x** nos casos, sendo **r**, **s** e **t** retas paralelas entre si:

a)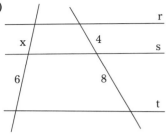
b)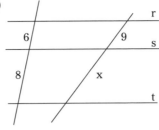
c)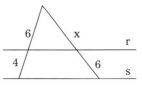

d)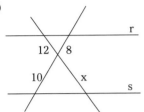
e)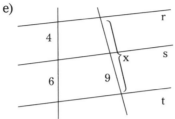
f)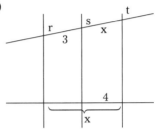

791 Sendo **r**, **s**, **t** e **u** retas paralelas entre si, determinar as incógnitas nos casos:

a)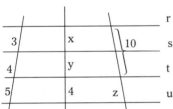
b)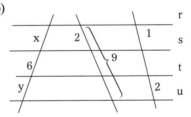

792 Se os ângulos com "marcas iguais" são congruentes, determinar o valor de **x**:

a)
b)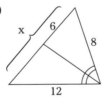
c)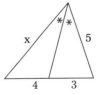

Resp: **772** a) 4 b) 7 **773** a) 15 b) $\frac{20}{3}$ c) 1 ou 10 **774** a) 28, 25 b) 6, 4 **777** a) 8, 8 b) 14, 18
778 a) 16, 18 b) 16,8; 14 **779** a) 14 b) 15 **780** a) 14 b) 6 **781** a) 12 b) 7 c) 12, 75

792 d) 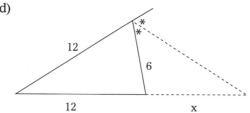 e)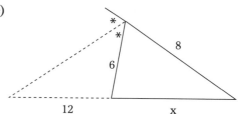

793 Determinar a medida do lado $\overline{AB}$ do triângulo ABC:

a) $\overline{AS}$ é bissetriz e o perímetro do $\triangle ABC$ é 75 m

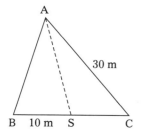

b) $\overline{AP}$ é bissetriz do ângulo externo em **A** e o perímetro de $\triangle ABC$ é 23 m.

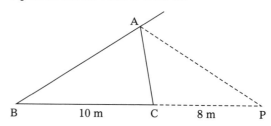

794 Se $\overline{AS}$ e $\overline{AP}$ são bissetrizes dos ângulos interno e externo em A, determinar o valor de $\overline{CP}$ dado BS = 8 m e SC = 6 m.

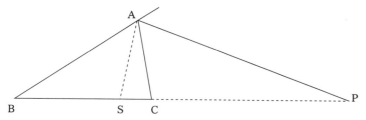

795 Determine o valor de **x** nas figuras:

a) 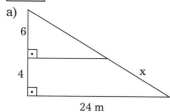 b)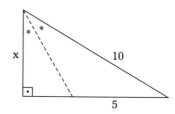

796 Resolver:

a) O perímetro de um triângulo ABC é de 100 m e a bissetriz de $\hat{B}$ intercepta o lado $\overline{AC}$ em P. Se AP = 16 m e BC = 36 m, determine AB e AC.

b) A bissetriz externa relativa ao vértice A de um triângulo ABC encontra a semireta $\overrightarrow{BC}$ em P. Se AB = PC = 36 m e o perímetro do triângulo é de 78 m, determine AC e BC.

797 Determine **x** e **y**, sendo **r**, **s** e **t** retas paralelas.

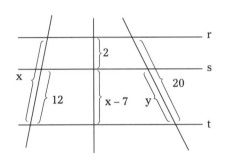

799 De um triângulo ABC sabemos que AB = 15 m, AC = 9 m e BC = 12 m. Determine a bissetriz externa relativa ao lado BC.

800 Determine a medida da hipotenusa BC de um triângulo ABC sabendo que P está em $\overline{BC}$, Q sobre a reta BC, de modo que $\overline{AC}$ seja bissetriz de PAQ, QC = 12 m e CP = 6 m.

Resp: **781** d) 12 e) 6 f) 17 **782** a) 32 b) 6 c) 35 d) 13 **783** 14 **785** a) 140 b) 180 **786** a) 157,5 b) 96 **790** a) 3 b) 12 c) 9 d) 15 e) 15 f) 6 **791** a) $\frac{12}{5}, \frac{16}{5}, \frac{50}{7}$ b) 4; 8 **792** a) 4 b) 15 c) $\frac{20}{3}$

SEMELHANÇA

805 Determine as incógnitas nos casos:
(Nestes exercícios de semelhança, ângulos de medidas iguais estão assinalados com "marcas iguais").

a)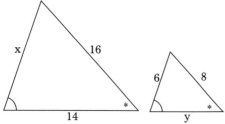

b)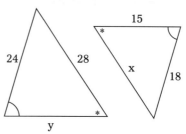

c) r e s são paralelas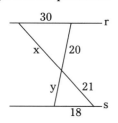

d)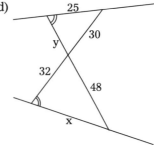

806 Determine x nos casos:

a)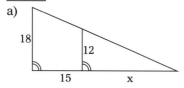

b)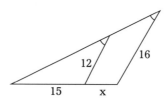

c) r e s são paralelas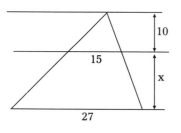

d)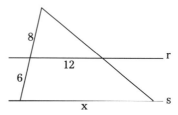

807 Determine as incógnitas nos casos:

a)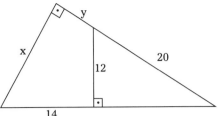

c) 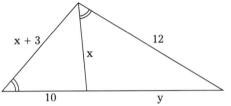   d)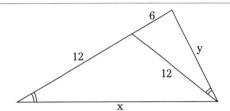

808 Determine **x** nos casos:

a) 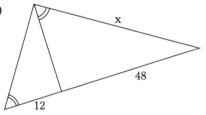   b)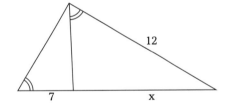

809 O segmento interno ao triângulo é paralelo a um lado. Determine as incógnitas.

a) 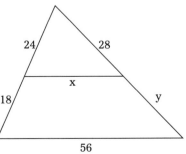   b)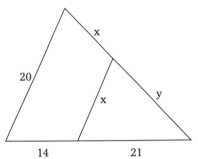

Resp: **792** d) 12   e) 4   **793** a) 15 ou 20   b) 9   **794** 42   **795** a) $\frac{52}{5}$ b) 6   **796** a) 24 m, 40 m   b) 24 m, 18 m
797 x = 15, y = 16   **799** $9\sqrt{5}$ **800** 24

810 Em cada caso temos um trapézio. Determine **x**:

a)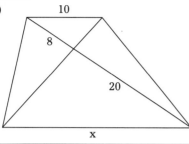

b)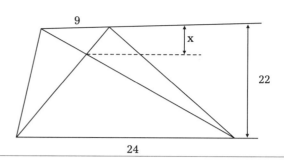

811 Determine **x** nos casos:

a)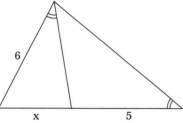

b)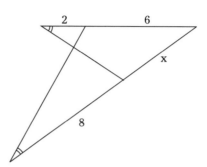

812 Determine **x** nos casos:

a)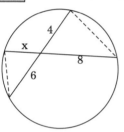

b)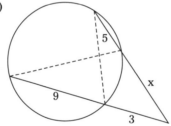

c)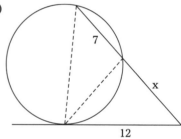

813 Determine **x** nos casos:

a) Quadrado inscrito no triângulo

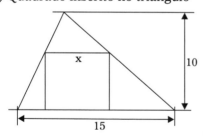

b) Retângulo de 2p = 32 inscrito no triângulo

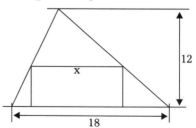

814 Determine a área do triângulo ABC nos casos:

a)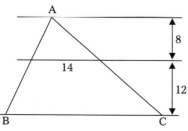

814 b)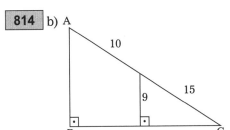

815 Determine a área do trapézio nos casos:

a)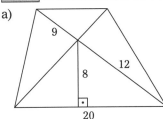

b) (triângulo com 6, 4, 9 e base 25)

816 Resolver:

a) A razão de semelhança entre dois triângulos é 4 : 5. Se um lado do primeiro mede 20 m, quanto mede o lado homólogo (correspondente) no segundo?

b) A razão de semelhança de dois triângulos 2 : 3. Se um lado de um mede 12 m, quanto mede o lado homólogo do outro? (Considere os dois casos).

c) A razão de semelhança de dois triângulos é 5 : 7. Se o perímetro do primeiro é 40 m, qual é o perímetro do segundo?

d) A razão de semelhança de dois triângulos é 3 : 5 e o perímetro de um é 75 m. Qual é o perímetro do outro?

817 Resolver:

a) A razão de semelhança entre dois triângulos é 5 : 8 e os lados do primeiro medem 15 m, 20 m e 30 m. Determine os lados do outro.

Resp: **805** a) 12, 7   b) 21, 20   c) 35, 12   d) 40, 20   **806** a) 30   b) 5   d) 21   e) 8

807 a) 18, 4   c) 6, 8   d) $12\sqrt{3}$, $6\sqrt{3}$ **808** a) $24\sqrt{5}$ b) 9   **809** a) 32, 21   b) 12, 18

817
b) Os lados de um triângulo medem 14 m, 21 m e 28 m. Se o perímetro de um triângulo semelhante a ele é 81 m, quanto medem os seus lados?

c) Dois triângulos semelhantes têm 22 m e 55 m de perímetros. Se um lado de um mede 8 m e um lado de outro mede 25 m, determine os outros lados incógnitos desses triângulos.

818 Resolver:

a) Dois quadriláteros são semelhantes e os seus perímetros têm 208 m e 130 m. Se três lados do primeiro medem 32 m, 56 m e 72 m, determine os lados do segundo?

b) Dois pentágonos com 91 m e 117 m de perímetros são semelhantes se um lado do 1° mede 14 m quanto mede o lado homólgo a ele do 2°?

c) Dois heptágonos são semelhantes. Um lado do 1° mede 56 m e o homólogo do 2° mede 24 m. Se uma diagonal do 1° mede 63 m, quanto mede a diagonal homóloga a ela do 2°?

819 Resolver:

a) Dois retângulos são semelhantes se dois lados do primeiro medem 10 m e 35 m e o perímetro do segundo é de 234 m, quanto medem os lados do segundo?

b) Dois trapézios são semelhantes e as bases de um medem 45 m e 65 m. Se uma base do outro mede 39 m, quanto mede a outra base?

821 Resolver:

a) A razão de semelhança entre dois triângulos é 4 : 7. Se a área do primeiro é de 192 m², qual a área do segundo?

821

b) A altura relativa a base de um triângulo é h. A que distância desta base devemos conduzir uma reta paralela à base para que a área do trapézio obtido seja igual a 8 vezes a área do triângulo destacado?

c) Os lados de dois pentágonos regulares medem 7 m e 24 m. Quanto deve medir o lado de um terceiro pentágono, também regular, para que a sua área seja igual a soma das áreas dos dois primeiros?

822 Resolver:

a) As bases de um trapézio medem 6 m e 10 m e os lados oblíquos 6 m e 8 m. Prolongam-se os lados oblíquos até se encontrarem. Determine os lados incógnitos do menor triângulo obtido.

b) As bases de um trapézio medem 16 m e 56 m, um lado oblíquo 30 m e o perímetro do maior triângulo obtido quando prolongamos dois lados do trapézio é de 147 m. Determine o outro lado do trapézio.

c) A base BC e a altura AH de um triângulo medem, respectivamente, 18 m e 12 m. Qual a área do retângulo de maior área que pode-se inscrever neste triângulo de modo que um lado do retângulo esteja sobre BC.

824 Os triângulos ABC e PQR são semelhantes. Determine **x** e **y**.

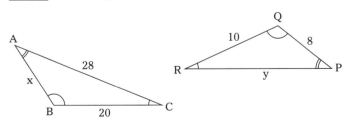

Resp: **810** a) 25 b) 6 **811** a) 4 b) 4 **812** a) 3 b) 4 c) 9 **813** a) 6 b) 12
814 a) 350 b) 150 **815** a) 245 b) 105 **816** a) 25 b) 18 ou 8 c) 56 d) 125 ou 45 **817** a) 24, 32, 48

825 Se o △KLM é semelhante ao △FGH, determine x.

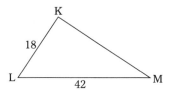
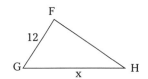

826 Se $\overline{DE}$ é paralelo a $\overline{BC}$, determine x nos casos:

a)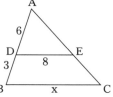

b) x = AD

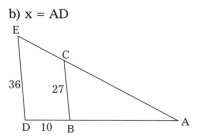

827 De um △ABC sabemos que AB = 20 m, BC = 30 m e AC = 25 m. Se D está em $\overline{AB}$, E em $\overline{AC}$, $\overline{DE}$ é paralelo a $\overline{BC}$ e DE = 18 m, determine x = DB e y = EC.

828 Se ângulos com "marcas iguais" são congruentes, determinar a incógnita nos casos:

a)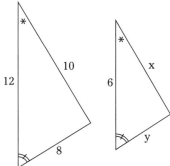

b)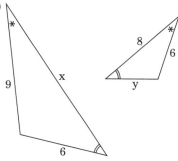

829 Determine as incógnitas:

a)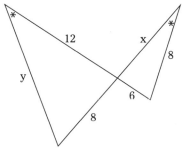

b)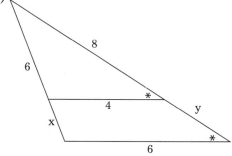

830 Determine as incógnitas nos casos:

a)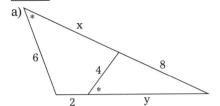
b)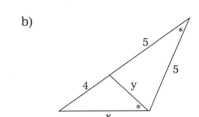

831 Sendo **r** e **s** retas paralelas, determinar o valor de **x**:

a)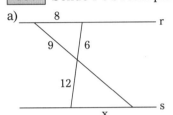
b)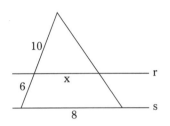

832 Determinar as distâncias pedidas (x) nos casos:

a)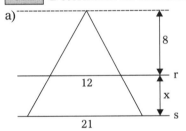
b)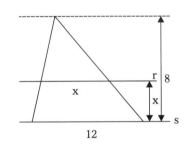

833 Resolver:

a) Sendo AC = 12 m, BC = 10 m e AR = 6 m, determine BS.

b) ABCD é um paralelogramo com AB = 16 m, BC = 12 m e AH = 9 m, determinar AP.

834 Resolver:

a) Na figura temos um quadrado inscrito em um trapézio de bases 5 m e 15 m e altura 30 m. Determine o lado do quadrado.

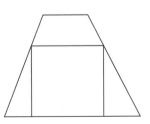

Resp: **817** b) 18, 27, 36 c) 4 e 10, 10 e 20   **818** a) 20, 35, 45, 30 b) 18 c) 27   **819** a) 26, 91 b) 27 ou $\frac{169}{3}$

821 a) 588 b) $\frac{2}{3}h$ c) 25   **822** a) 9 e 12 b) 35 c) 54   **824** 16; 14

834 b) Determine **x** e **y**.

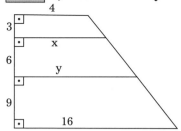

835 Determine **x** nos casos:

a)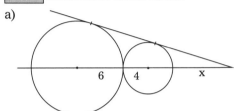

b)

836 Nas figuras temos quadrados. Determine a área do maior deles.

a)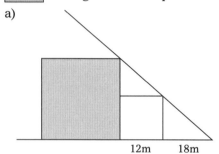

b)

837 Resolver:

a) Dois triângulos são semelhantes. Se os lados do primeiro medem 21 m, 18 m e 27 m e o perímetro do segundo é de 176 m, quanto medem os lados do segundo?

b) A razão de semelhança de dois triângulos é 9 : 5. Se os lados do primeiro medem 54 m, 63 m e 90 m, qual é o perímetro do segundo?

838 Resolver:

a) As bases de um trapézio medem 18 m e 45 m e os lados oblíquos 15 m e 18 m. Qual o perímetro do menor triângulo obtido quando prolongamos os lados oblíquos?

838 b) As bases de um trapézio medem 18 m e 42 m e a altura 16 m. Determine a área do maior triângulo obtido, quando prolongamos os lados não paralelos.

841 Resolver:

a) Dois polígonos são semelhantes e tem 69 m e 115 m de perímetro. Se a área do primeiro é de 99 m², qual é a área do segundo?

b) Dois polígonos semelhantes têm 588 m² e 192 m². Se o primeiro tem 105 m de perímetro, qual é o perímetro do segundo?

843 Determine o raio do círculo sabendo que AB = 24 m, AC = 30 m e AH = 20 m, onde AH é altura relativa ao lado BC.

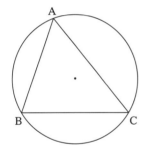

844 Na figura, determine **x**.

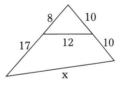

845 Sendo AB = 4 m, BC = 6 m e AE = 2 m, determinar a medida da corda $\overline{FH}$, que é paralelas à corda $\overline{BD}$.

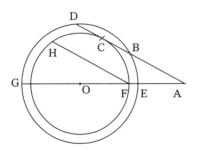

Resp: **825** 28 **826** a) 16 b) 40 **827** 8, 10 **828** a) 5; 4 b) 12; 4 **829** a) 9; $\frac{32}{3}$ b) 3; 4 **830** a) 7, 10 b) 6, $\frac{10}{3}$ **831** a) 16 b) 5 **832** a) 6 b) $\frac{24}{5}$ **833** a) 5 b) 12 **834** a) $\frac{45}{4}$

846 Determinar **x** sendo 24 m e 6 m os raios do círculo.

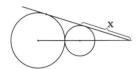

847 O ponto O é a intersecção das diagonais $\overline{AC}$ e $\overline{BD}$ de um losango ABCD. Prolonga-se o lado $\overline{AD}$ até um ponto F de modo que DF = 4 m. Se $\overline{OF}$ encontra $\overline{CD}$ em E e ED = 2 m, determine o lado do losango.

848 De um triângulo ABC sabemos que o ângulo Â é o dobro do ângulo Ĉ, AB = 6 m e que AC = 10 m. Determine $\overline{BC}$.

854 As bases do trapézio isósceles ao lado medem **a** e **b**. Se a altura do trapézio mede **h**, determine a área do triângulo sombreado.

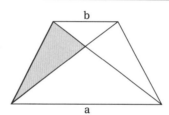

856 Os catetos de um triângulo retângulo medem **a** e **b**. Determine a bissetriz relativa a hipotenusa desse triângulo.

857 As retas t e ℓ são tangentes às circunferências em A. Determine AB em função de a = BC e b = BD.

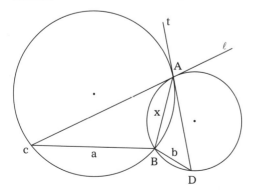

859 Na figura, as semi-retas $\overrightarrow{PA}$ e $\overrightarrow{PB}$ são tangentes à circunferência. Se as distâncias entre **Q** e as tangentes são 4 e 9, ache a distância entre **Q** e a corda $\overline{AB}$.

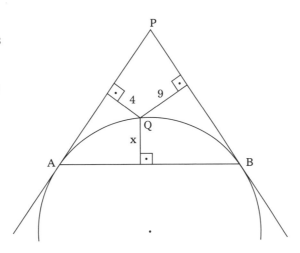

860 As diagonais de um losango medem **a** e **b**. Determine o lado do quadrado inscrito nesse losango.

861 Na figura ao lado AD é bissetriz do triângulo ABC. Mostre que $BE^2 = AE \cdot DE$.

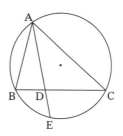

862 Determine o raio x em função dos raios a e b dos outros dois círculos.

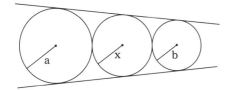

863 Na figura temos um triângulo isósceles ABC de base BC. AE é uma corda que intercepta a base BC em D. Mostre que $AB^2 = AE \cdot AD$.

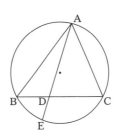

Resp: **834** b) 6, 10   **835** a) 16   b) 11,25   **836** a) 400   b) 324   **837** a) 56, 48, 72   b) 115
838 a) 40   b) 588   **841** a) 275   b) 60   **843** 18   **844** 30   **845** $\dfrac{60\sqrt{21}}{17}$

RELAÇÕES MÉTRICAS

869 Determine o valor de **x** nos casos:

a)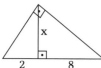

b)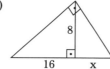

c)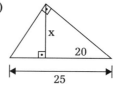

d)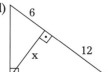

e)

f)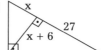

870 Determine o valor de **x** nos casos:

a)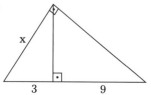

b)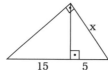

c)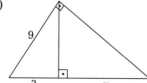

d)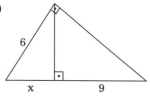

e)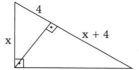

f)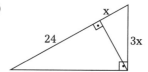

871 Determine a altura de **h** relativa à hipotenusa nos casos:

a)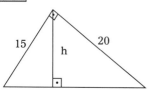

b)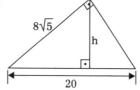

c)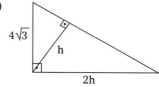

872 Determine as incógnitas nos casos:

a)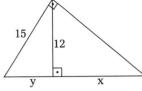

b)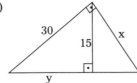

c)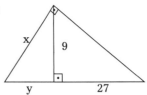

d)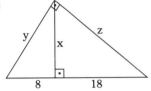

e)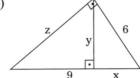

f)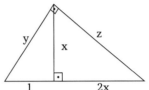

873 Determine as incógnitas:

a)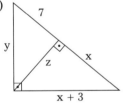

b)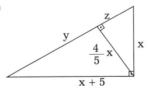

c)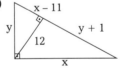

Resp: **846** 8 **847** 8 **848** $4\sqrt{6}$ **854** $\dfrac{abh}{2(a+b)}$ **856** $\dfrac{\sqrt{2}\,ab}{a+b}$ **857** $\sqrt{ab}$ **859** 6 **860** $\dfrac{ab}{a+b}$ **862** $\sqrt{ab}$

874 Determine x nos casos:

a)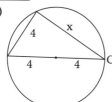

b)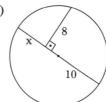

c)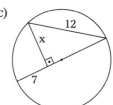

875 Determine o raio do círculo nos casos:

a)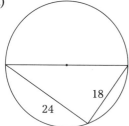

b)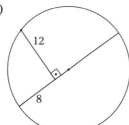

c)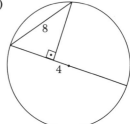

877 Determine o valor de x nos casos:

a)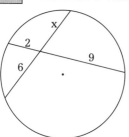

b)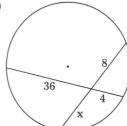

c)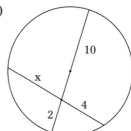

d)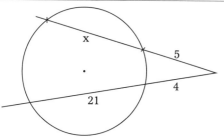

e)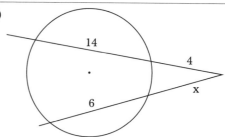

878 Determine x nos casos:

a)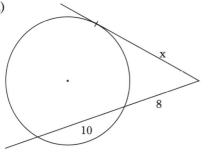

b)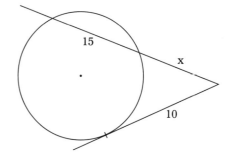

878 c) 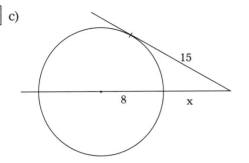 d)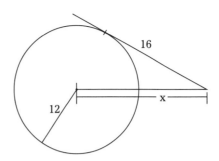

879 Determine x nos casos:

a) 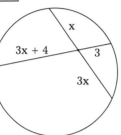 b)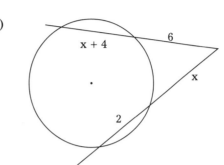

c) 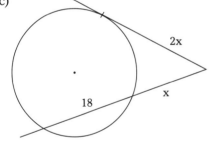 d)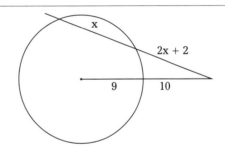

880 Determine o raio do círculo nos casos:

a) 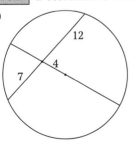 b)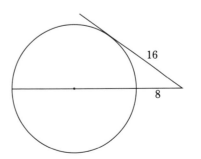

Resp: **869** a) 4   b) 4   c) 10   d) $6\sqrt{2}$ e) 18   f) 3 ou 12   **870** a) 6   b) 10   c) 24   d) 3   e) 8   f) 3
871 a) 12   b) 8   c) 6   **872** a) 16, 9   b) $10\sqrt{3}$, $15\sqrt{3}$ c) $3\sqrt{10}$, 3   d) 12, $4\sqrt{13}$, $6\sqrt{13}$
e) 3, $3\sqrt{3}$, $6\sqrt{3}$ f) 2, $\sqrt{5}$, $2\sqrt{5}$ **873** a) 9; $4\sqrt{7}$; $3\sqrt{7}$ b) 15; 16; 9   c) 20; 15 ou 15; 20

880 c) 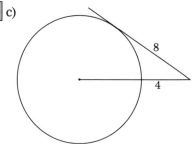   d)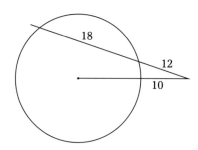

---

884 Determine a área do triângulo retângulo, nos casos:

a) A soma e a diferença das projeções de catetos sobre a hipotenusa valem 15 m e 9 m.

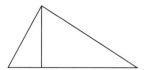

b) A soma dos catetos é 10 m e a hipotenusa mede $2\sqrt{13}$ m.

c) A diferença dos catetos é 5 m e a menor altura do triângulo mede 12 m.

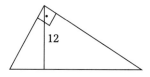

---

885 Uma diagonal de um trapézio retângulo determina nele dois triângulos retângulos. Determine a área desse trapézio nos casos:

a) As bases medem 8 m e 26 m.

b) Os lados que não são bases medem 6 m e 12 m.

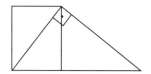

c) A base menor e a altura medem respectivamente 5 m e 10 m.

d) A base menor mede 15 m e o lado oblíquo às bases 18 m.

886 Determine x nos casos:

a)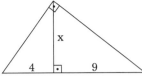

b)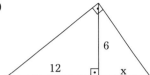

c)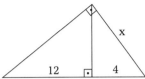

d)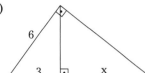

887 Determine x nos casos:

a)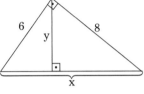

b)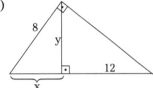

888 Determine o valor de x:

a)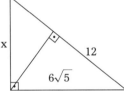

b)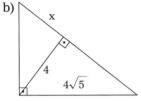

889 Determinar o raio do círculo nos casos:

a)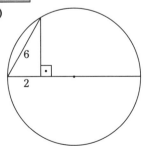

b)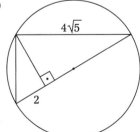

c)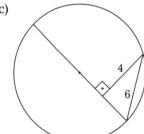

Resp: **874** a) $4\sqrt{3}$ b) 4   c) $3\sqrt{7}$ **875** a) 15   b) 13   c) 8   **877** a) 3   b) 18   c) 9   d) 15   e) 6
878 a) 12   b) 5   c) 9   d) 20   **879** a) 4   b) 10   c) 6   d) 6   **880** a) 10   b) 12

890 Determinar a incógnita:

a)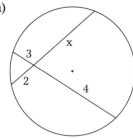

b)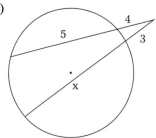

c)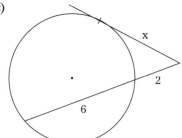

d)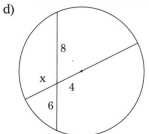

e)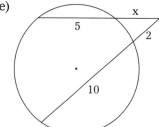

f)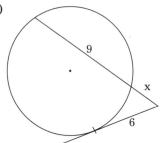

891 Determinar o raio do círculo nos casos:

a)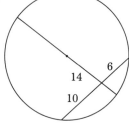

b)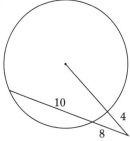

c)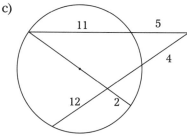

896 Resolver:

a) A base de um triângulo isósceles mede 14 m e altura relativa à ela 49 m. Determine o raio da circunferência circunscrita no triângulo.

b) A altura de um triângulo isósceles, relativa à base, é diâmetro de uma circunferência. Se essa altura mede 24 m e o perímetro do triângulo é de 96 m, determine a medida da corda que o lado do triângulo determina na circunferência.

897 Determine a área do triângulo retângulo nos casos:

a) A hipotenusa e a projeção de um cateto sobre ela medem 20 m e 16 m.

b) As projeções dos catetos sobre a hipotenusa medem 12 m e 75 m.

c) As duas menores alturas dele medem $5\sqrt{5}$ m e 10 m.

d) Duas de suas alturas medem 6 m e 12 m.

e) As projeções da menor altura sobre as outras duas medem 8 m e 8 m.

f) As projeções da altura relativa, à hipotenusa sobre os catetos medem 6 m e 8 m.

900 Uma diagonal de um trapézio isósceles determina, com a base maior e um lado, um triângulo retângulo. Determine a área desse trapézio nos casos:

a) O lado oblíquo às bases e a altura do trapézio medem $2\sqrt{13}$ m e 6 m.

b) As bases do trapézio medem 30 m e 34 m.

c) A base menor mede 32 m e o lado oblíquo $4\sqrt{10}$ m.

d) A base menor e o lado oblíquo medem 6 m e 6 m.

Resp: **880** c) 6 d) 13 **884** a) 45 b) 12 c) 150 **885** a) 204 b) $30\sqrt{3}$ c) 150 d) $126\sqrt{5}$
886 a) 6 b) 3 c) 8 d) 9 **887** a) 10; $\frac{24}{5}$ b) 4; $4\sqrt{3}$ **888** a) $3\sqrt{5}$ b) 2 **889** a) 9, 5 b) 4, $4\sqrt{3}$

901 A altura relativa à base de um triângulo isósceles mede a metade da base. Uma circunferência de 20 m de raio, com centro sobre a altura relativa à base corta a base em dois pontos que juntamente com o pé da altura a dividem em 4 partes iguais. Determine a área do triângulo sabendo que a circunferência passa pelo vértice oposto à base.

903 Resolver:

a) Quanto medem os catetlos de um triângulo retângulo cujas projeções sobre a hipotenusa medem 9 m e 16 m?

b) A medida da altura relativa a hipotenusa de um triângulo retângulo é 24 m e a diferença entre as medidas dos catetos é 10 m. Quanto mede a hipotenusa?

RAZÕES TRIGONOMÉTRICAS

917 Determine **sen** α **e cos** β nos casos:

a)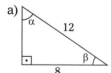
b)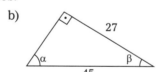
c)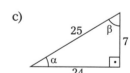

918 Determine **tg** α **e tg** β nos casos:

a)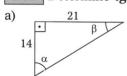
b)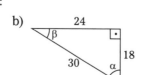
c)

919 Determine **sen** α nos casos:

a) 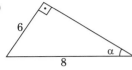 b) 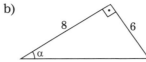 c)

920 Determine **cos** α nos casos:

a) 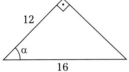 b) 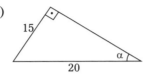 c)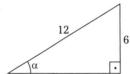

921 Determina **tg** α nos casos:

a) 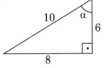 b) 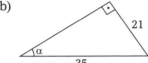 c)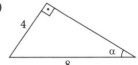

923 Em cada caso é dada uma razão trigonométrica. Determine **x**.

a) $\operatorname{sen} \alpha = \dfrac{3}{4}$ b) $\cos \alpha = \dfrac{2}{3}$ c) $\operatorname{tg} \alpha = \dfrac{2}{5}$

  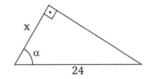 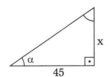

d) $\cos \alpha = \dfrac{5}{6}$ e) $\operatorname{tg} \alpha = \dfrac{2}{3}$ f) $\operatorname{sen} \alpha = \dfrac{3}{5}$

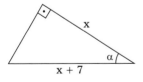 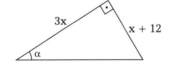 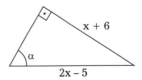

Resp: **890** a) 6 b) 9 c) 4 d) 4 e) 3 f) 3 **891** a) 16 b) 16 c) 13 **896** a) 25 b) 19,2

897 80 m² b) 1305 m² c) 125 m² d) 36 m² ou 24√3 m² e) 128 m² f) $\dfrac{625}{6}$ m²

900 a) 54 b) 256 c) 432 d) 27√3

924 Dada uma razão trigonométrica, determine **x** nos casos:

a) $\operatorname{sen} \alpha = \dfrac{5}{9}$

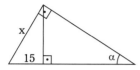

b) $\operatorname{tg} \beta = \dfrac{4}{3}$

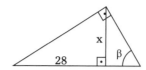

925 Dadas duas razões, determine as incógnitas nos casos:

a) $\operatorname{tg} \alpha = \dfrac{4}{3}$, $\operatorname{tg} \beta = \dfrac{1}{2}$

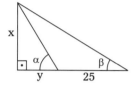

b) $\operatorname{sen} \alpha = \dfrac{8}{9}$, $\operatorname{tg} \beta = \dfrac{4}{3}$

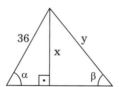

926 Determine as incógnitas nos casos:

a) $\operatorname{tg} \alpha = \dfrac{4}{7}$, $\cos \beta = \dfrac{3}{5}$

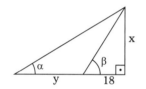

b) $\operatorname{tg} \alpha = \dfrac{7}{24}$, $\cos \beta = \dfrac{3}{5}$

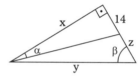

928 Determine **x** nos casos:

a) $\operatorname{sen} \alpha = \dfrac{2}{3}$, $\operatorname{sen} \beta = \dfrac{4}{7}$

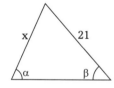

b) $\cos \alpha = \dfrac{3}{4}$

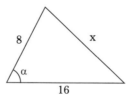

929 Lembrando que a diagonal de um quadrado **a** mede $a\sqrt{2}$ e que a altura de um triângulo equilátero de lado **a** mede $\dfrac{a\sqrt{3}}{2}$, como mostram as figuras seguintes, determine os valores, nos casos:

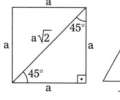
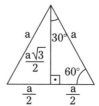

a) sen 45°

b) cos 45°

c) tg 45°

d) sen 60°

e) cos 60°

f) tg 60°

g) sen 30°

h) cos 30°

i) tg 30°

Extra Escrever os seguintes valores:

a) sen 30° = cos 60° =
b) sen 60° = cos 30° =
c) sen 45° = cos 45° =
d) tg 30° =
e) tg 45°
f) tg 60° =

930 Determine o valor de **x** nos casos:

a)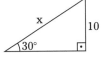
b)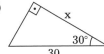
c)

d)
e)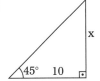
f)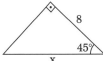

g)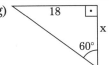
h)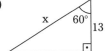
i)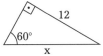

931 Determine **x** nos casos:

a)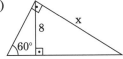
b)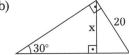
c)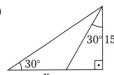
d)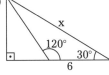

932 Determine as incógnitas:

a)
b)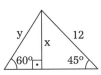

Resp: **901** a) 1024 m²   **903** a) 15 m, 20 m   b) 50 m   **917** a) $\frac{2}{3}, \frac{2}{3}$ b) $\frac{3}{5}, \frac{3}{5}$ c) $\frac{7}{25}, \frac{7}{25}$

918 a) $\frac{3}{2}, \frac{2}{3}$ b) $\frac{4}{3}, \frac{3}{4}$ c) $\frac{15}{8}, \frac{8}{15}$ **919** a) $\frac{3}{4}$ b) $\frac{3}{5}$ c) $\frac{1}{2}$ **920** a) $\frac{3}{4}$ b) $\frac{\sqrt{7}}{4}$ c) $\frac{\sqrt{3}}{2}$

921 a) $\frac{4}{3}$ b) $\frac{3}{4}$ c) $\frac{\sqrt{3}}{3}$ **923** a) 9   b) 16   c) 18   d) 35   e) 12   f) 45

933 Determine as incógnitas sabendo que o quadrilátero é um retângulo:

a)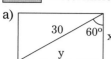
b)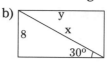

934 Em cada caso é dado um paralelogramo. Determine as incógnitas:

a)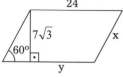
b)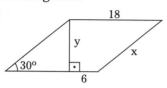

935 Em cada caso temos um triângulo isósceles. Determine **x**.

a)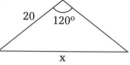
b)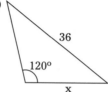

936 Em cada caso temos um trapézio isósceles. Determine as incógnitas.

a)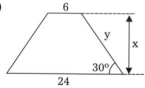
b)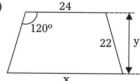

937 Em cada caso temos um trapézio retângulo. Determine as incógnitas.

a)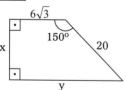
b)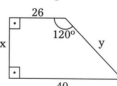

938 Em cada caso é dado um trapézio. Determine as incógnitas.

a)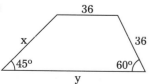
b)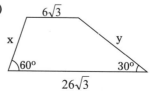

94

939 Determine α nos casos:

a)

b)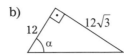

c)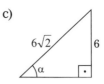

d)

e)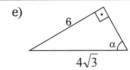

f)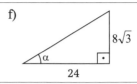

940 Determine **cos** α nos casos:

a) Isósceles (2p = 84)

b) Trapézio Isósceles (2p = 120)

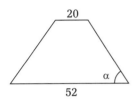
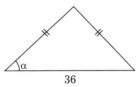

941 Determine **sen** α nos casos:

a) Isósceles (2p = 64)

b) Trapézio Isósceles (2p = 168)

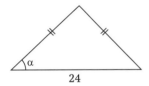
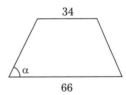

942 Determine **tg** α nos casos:

a) Isósceles (2p = 96)

b) Trapézio Isósceles (2p = 128)

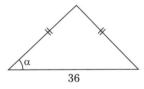
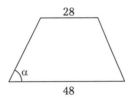

943 Determine a área do triângulo nos casos: (Unidade das medidas: m).

a)

b)

c)

Resp: **924** a) 27   b) 21   **925** a) 20, 15   b) 32, 40   **926** a) 24, 24   b) 48, 60, 22   **928** a) 18   b) $8\sqrt{2}$

929 a) $\frac{\sqrt{2}}{2}$ b) $\frac{\sqrt{2}}{2}$ c) 1   d) $\frac{\sqrt{3}}{2}$ e) $\frac{1}{2}$ f) $\sqrt{3}$ g) $\frac{1}{2}$ h) $\frac{\sqrt{3}}{2}$ i) $\frac{\sqrt{3}}{3}$

930 a) 20   b) $15\sqrt{3}$ c) $18\sqrt{3}$ d) $6\sqrt{2}$ e) 10   f) $8\sqrt{2}$ g) $6\sqrt{3}$ h) 26   i) $8\sqrt{3}$

931 a) 16   b) $10\sqrt{3}$ c) $10\sqrt{3}$ d) $6\sqrt{3}$ **932** a) 5, $15\sqrt{3}$ b) $6\sqrt{2}$, $4\sqrt{6}$

943 d)  e)   f) (triangle with 14, 30°)

944 Determine a área do triângulo nos casos:
a) Retângulo
b)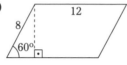
c) Paralelogramo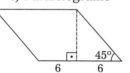

d) Paralelogramo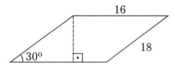
e) Trapézio isósceles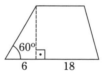

945 Determine a área do polígono nos casos:
a)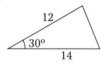
b) Paralelogramo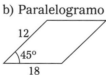
c) Trapézio isósceles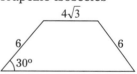

d) Trapézio isósceles (2p = 44 m)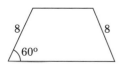
e) Trápezio retângulo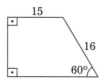
f) Trapézio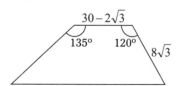

947 Determine **x** e **y** nos casos:

a) 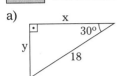 b) 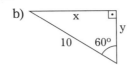 c) 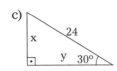 d)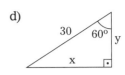

---

948 Lembrando que a diagonal de um quadrado de lado a vale $a\sqrt{2}$, determine, sem usar seno, cosseno, tangente e o teorema de Pitágoras, as incógnitas: (Em cada caso temos a metade de um quadrado.

a)   b)   c)   d)

---

949 Lembrando que a altura de um triângulo equilátero de lado a é dada por $\dfrac{a\sqrt{3}}{2}$, determine, sem usar seno, cosseno, tangente e teorema de Pitágoras, as incógnitas. Em cada caso temos a metade de um triângulo equilátero.

a) 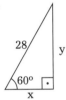 b)   c)   d)

e)   f)   g) 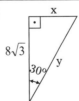 h)

Resp: **933** a) $15, 15\sqrt{3}$ b) $16, 8\sqrt{3}$ **934** a) 14, 17   b) $8\sqrt{3}, 4\sqrt{3}$ **935** a) $20\sqrt{3}$ b) $12\sqrt{3}$

936 a) $3\sqrt{3}, 6\sqrt{3}$ b) $46, 11\sqrt{3}$ **937** a) $10, 16\sqrt{3}$ b) $14\sqrt{3}, 28$ **938** a) $18\sqrt{3}, 18(\sqrt{3}+3)$ b) $10\sqrt{3}, 30$

939 a) 30°   b) 60°   c) 45°   d) 30°   e) 60°   f) 30°   **940** a) $\dfrac{3}{4}$ b) $\dfrac{2}{3}$ **941** a) $\dfrac{4}{5}$ b) $\dfrac{15}{17}$

942 a) $\dfrac{4}{3}$ b) $\dfrac{12}{5}$ **943** a) $72\sqrt{3}$ m²   b) $96\sqrt{3}$ m²   c) 32 m²

950 Se dois lados de um triângulo medem **a** e **b** e forma ângulo α, mostre que a área S do triângulo é dada por:
$S = \frac{1}{2} a\, b\, \text{sen}\, \alpha$.

Escrever os seguintes valores:
a) sen 30° = cos 60° =
b) sen 45° = cos 45°
c) sen 60° = cos 30° =
d) tg 30° =
e) tg 45° =
f) tg 60° =

951 Determine a área do triângulo nos casos: (Usar $\frac{1}{2}$ ab sen θ)

a)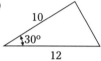
b)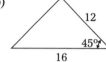
c)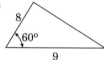

952 Determine a razão entre as áreas dos triângulos nos casos:

a)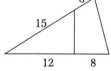
b)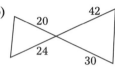

Observação: sen α = sen (180° − α) ⟹ sen 150° = sen 30°, sen 135° = sen 45° e sen 120° = sen 60°

953 Os pontos assinalados sobre os lados do triângulo os dividem em partes iguais. Determine a razão entre as áreas dos triângulos.

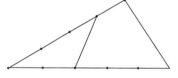

954 Mostre que sendo α obtuso, como mostra a figura ao lado, a área do triângulo será dada por:
$S = \frac{1}{2} a\, b\, \text{sen}\, (180° - \alpha)$.

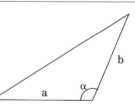

955 Determine a área dos triângulos:

a)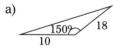
b)
c)

956 Se dois lados consecutivos **a** e **b** de um paralelogramo formam um ângulo obtuso α então a sua área **S** é dada por:
S = a b sen (180° – α).

957 Determine a área do paralelogramo, nos casos:

a)   b) 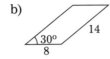   c)   d) 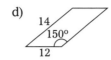   e)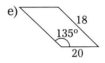

958 Determine a área do quadrilátero nos casos:

a) As diagonais medem 20 m e 30 m.

b) As diagonais medem 12 m e 15 m.

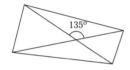

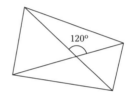

963 Resolver:

a) A diagonal de um retângulo mede 12 m e forma um ângulo de 30° com um lado. Determine os lados.

b) As diagonais de um retângulo medem 20 m cada uma e formam um ângulo de 30°. Qual é a distância entre um vertice e a diagonal a qual ele não pertence?

c) O lado de um losango mede 10 m e um de seus ângulos mede 135°. Quanto mede a altura desse losango?

Resp: **943** d) $50\sqrt{3}$ m² e) 36 m² f) $50\sqrt{3}$ m²   **944** a) $100\sqrt{3}$ m² b) $48\sqrt{3}$ c) 72 d) 144 e) $108\sqrt{3}$
945 a) 42 b) $108\sqrt{2}$ c) $21\sqrt{3}$ d) $56\sqrt{3}$ e) $152\sqrt{3}$ f) 432   **947** a) $9\sqrt{3}$; 9 b) $5\sqrt{3}$; 5
c) 12; $12\sqrt{3}$ d) $15\sqrt{3}$; 15   **948** a) $7\sqrt{2}$; 7 b) $6\sqrt{2}$; $6\sqrt{2}$ c) 8; $8\sqrt{2}$ d) $3\sqrt{2}$; $3\sqrt{2}$
949 a) 14, $14\sqrt{3}$ b) 10, $5\sqrt{3}$ c) $2\sqrt{3}$, $4\sqrt{3}$ d) 9, $9\sqrt{3}$ e) 20, $10\sqrt{3}$ f) $6\sqrt{3}$, $12\sqrt{3}$ g) 8, 16 h) $10\sqrt{3}$, $20\sqrt{3}$

968 Determine a área do trapézio escaleno cujos ângulos da base menor são obtusos nos casos:

a) A base menor mede 14 m, um lado oblíquo, que forma um ângulo de 30° com a base, $12\sqrt{3}$ m e o outro lado oblíquo 12 m.

b) A base menor mede $(7-\sqrt{3})m$, a altura 6 m e os ângulos obtusos 120° e 135°.

972 Um trapézio têm ângulos de 60° e 30°, a base menor de 12 m e o lado oblíquo adjacente ao ângulo de 60° de 18 m. Determine a sua área.

973 Determine sen α nos casos:

a)
b)
c)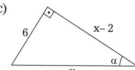

974 Determine cos α nos casos:

a)
b)
c)

975 Obtenha tg α nos casos:

a)
b)
c)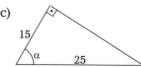

976 Em cada caso é dada uma razão trigonométrica. Determine **x**.

a) $\text{sen}\,\alpha = \dfrac{5}{7}$

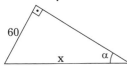

b) $\cos\alpha = \dfrac{3}{4}$

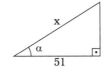

c) $\text{tg}\,\alpha = \dfrac{8}{5}$

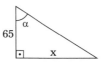

d) $\cos\alpha = \dfrac{3}{5}$

e) $\text{tg}\,\alpha = \dfrac{15}{8}$

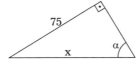

f) $\text{sen}\,\alpha = \dfrac{3}{5}$

977 Em cada caso são dadas duas razões, determine **x**.

a) $\text{tg}\,\alpha = \dfrac{4}{3},\ \text{tg}\,\beta = \dfrac{4}{5}$

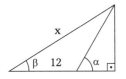

b) $\text{tg}\,\alpha = 2,\ \text{tg}\,\beta = \dfrac{4}{3}$

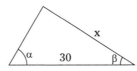

978 Determine o valor de **x** nos casos:

a)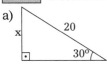

b)

c)

979 Determine o valor de **x** nos casos:

a)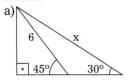

b)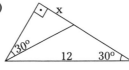

Resp: **951** a) 30 b) $48\sqrt{2}$ c) $18\sqrt{3}$ **952** a) $\dfrac{3}{7}$ b) $\dfrac{8}{21}$ **953** $\dfrac{3}{10}$ **955** a) 45 b) $30\sqrt{2}$ c) $56\sqrt{3}$

957 a) $70\sqrt{2}$ b) 56 c) $60\sqrt{3}$ d) 84 e) $180\sqrt{2}$ **958** a) $150\sqrt{2}$ m² b) $45\sqrt{3}$ m²

963 a) 6, $6\sqrt{3}$ b) 5 c) $5\sqrt{2}$

979 Determine o valor de **x** nos casos:

c)

d)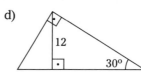

980 Determine o valor de **x** nos casos:

a)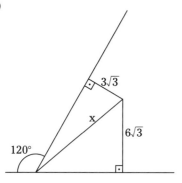

b)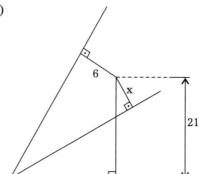

981 Determine os valores de **x** e **y** nos casos:

a) Retângulo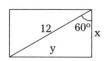

b) Paralelogramo

c) Paralelogramo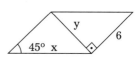

d) Trapézio retângulo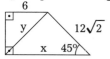

e) Trapézio isósceles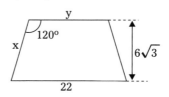

102

984 Resolver:

a) Um ponto **P** interno de um ângulo reto dista 4 m e 8 m dos lados do ângulo. Qual a distância entre **P** e o vértice desse ângulo?

b) Um ponto interno de um ângulo reto dista 4 m e 10 m dos lados do ângulo. Qual a distância desse ponto à bissetriz desse ângulo?

c) Um ponto **P**, interno de um ângulo reto, dista respectivamente $\sqrt{2}$ m e 2 m de um lado e da bissetriz do ângulo. Determine a distância entre **P** e o vértice desse ângulo.

d) Um ponto **P**, interno de um ângulo de 60°, dista 6 m e 9 m dos lados desse ângulo. Qual a distância entre **P** e a bissetriz do ângulo?

985 Determinar a área nos casos (unidade das medidas: metro).

a)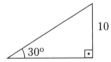

b)

c) Retângulo

d) Retângulo

e) Retângulo

f) Paralelogramo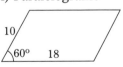

g) Paralelogramo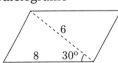

Resp: **968** a) $156\sqrt{3}$ b) 60   **972** $270\sqrt{3}$ ou $189\sqrt{3}$ **973** a) $\frac{1}{2}$ b) $\frac{3}{5}$ c) $\frac{3}{5}$ **974** a) $\frac{3}{4}$ b) $\frac{1}{2}$ c) $\frac{\sqrt{11}}{3}$

975 a) $\frac{4}{5}$ b) $\sqrt{3}$ c) $\frac{4}{3}$ **976** a) 84   b) 68   c) 104   d) 60   e) 85   f) 48   **977** a) $6\sqrt{41}$ b) 30

978 a) 10   b) $2\sqrt{3}$ c) 10   **979** a) $6\sqrt{2}$ b) $2\sqrt{3}$

986 Determine a área do polígono nos casos (unidade das medidas: metro).

a)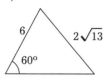
b)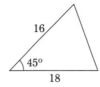
c) Losango
d) Losango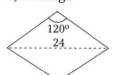

987 Determine a área nos casos:

a)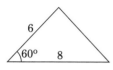
b) Paralelogramo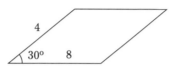
c)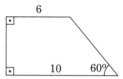

d) Trapézio
e) Losango
f) Trapézio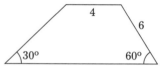

988 Sendo α e β as medidas dos ângulos agudos de um triângulo retângulo, mostre que.

a) sen α = cos β
b) tg α = $\dfrac{\text{sen } \alpha}{\cos \alpha}$
c) sen²α + cos²α = 1

989 Determine a área do paralelogramo nos casos, sendo o metro a unidade das medidas indicadas.

a)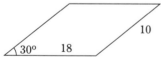
b)

c)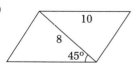
d) AC = 16, BD = 24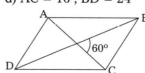

990 Determine a área do quadrilátero nos casos:

a) Trapézio com AB = 8 m
AC = 20 m e CD = 30 m

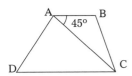

b) AB = 12 m, BC = 18 m e CD = $12\sqrt{2}$ m

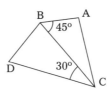

991 Determine a área do quadrilátero nos casos a seguir, sendo o metro a unidade das medidas indicadas.

a)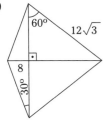

b)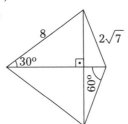

994 Determine a área dos quadriláteros nos casos:

a)

b)

995 Resolver:

a) Uma diagonal de um paralelogramo mede 20 m e forma ângulos de 30° e 60° com os lados. Determine sua área.

b) Uma base de um trapézio mede 16m e o lado oblíquo às bases mede 24 m. Se um dos ângulos desse trapézio mede 120°, qual é a sua área?

c) Um lado de um triângulo isósceles mede 30 m e um ângulo dele mede 120°. Qual é a área desse triângulo?

Resp: **979** c) 36 d) $16\sqrt{3}$ **980** a) $6\sqrt{7}$ b) $5\sqrt{3}$ **981** a) $6; 6\sqrt{3}$ b) $8; 4\sqrt{3}$ c) $6\sqrt{2}$; 6 d) $18, 6\sqrt{5}$ e) 12; 10
984 a) $4\sqrt{5}$ b) $3\sqrt{2}$ c) $2\sqrt{5}$ d) $\sqrt{3}$ **985** a) $50\sqrt{3}$ b) $18\sqrt{3}$ c) $25\sqrt{3}$ d) $48\sqrt{3}$ e) $81\sqrt{3}$ f) $90\sqrt{3}$ g) 24

996 Resolver:

a) Uma diagonal de um trapézio retângulo determina nele dois triângulos retângulos. Se uma base do trapézio mede 24 m e um dos ângulos dele mede 30°, qual é a sua área?

b) De um triângulo ABC, com $\hat{B}$ e $\hat{C}$ agudos e $\hat{B} = 2\hat{C}$, sabemos que as projeções (ortogonais) de $\overline{AB}$ e $\overline{AC}$ sobre $\overline{BC}$ medem 2 m e 8 m. Determine a área desse triângulo.

997 Determine a área (unidade das medidas: metro).

a)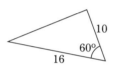

b) Paralelogramo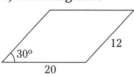

c) Retângulo de diagonal 16

d) Paralelogramo de diagonais 8 e 12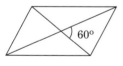

e)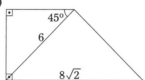

f) Trapézio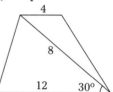

1004 O ponto de interesecção das diagonais de um paralelogramo dista **a** e **b** dos lados. Sendo α o ângulo agudo deste paralelogramo, determine a sua área.

RELAÇÕES MÉTRICAS EM TRIÂNGULO QUALQUER

1006 Determine **x** nos casos: (Usar as seguintes fórmulas)

$$a^2 = b^2 + c^2 + 2bn$$

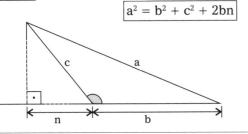

$$a^2 = b^2 + c^2 - 2bn$$

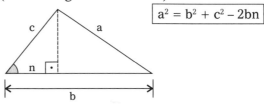

a)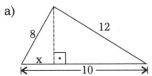

b)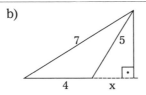

c)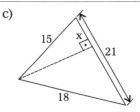

d)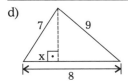

e)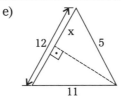

f)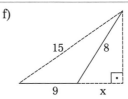

1009 Dados $\cos \alpha$ determine **x** nos casos:

a) $\cos \alpha = \dfrac{7}{10}$

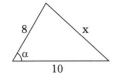

b) $\cos \alpha = \dfrac{4}{9}$

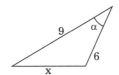

c) $\cos \alpha = -\dfrac{3}{7}$

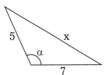

1010 Determine $\cos \alpha$ nos casos:

a)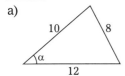

b)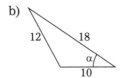

c)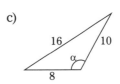

Resp: **986** a) $12\sqrt{3}$ b) $72\sqrt{2}$ c) $72\sqrt{2}$ d) $96\sqrt{3}$ **987** a) $12\sqrt{3}$ b) 16 c) $32\sqrt{3}$ d) $21\sqrt{3}$ e) $18\sqrt{2}$ f) $30\sqrt{3}$

989 a) 90 b) $36\sqrt{3}$ c) $40\sqrt{2}$ d) $96\sqrt{3}$ **990** a) $190\sqrt{2}$ b) $108\sqrt{2}$ **991** a) $182\sqrt{3}$ b) $30\sqrt{3}$

994 a) $16\sqrt{3}$ b) $46\sqrt{3}$ **995** a) $100\sqrt{3}$ b) $120\sqrt{3}$ ou $264\sqrt{3}$ c) $225\sqrt{3}$ ou $75\sqrt{3}$

1011 Determine α nos casos:

a)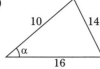
b)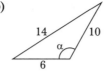
c)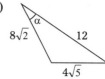

1012 Determine **x** nos casos:

a)
b)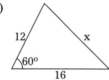
c)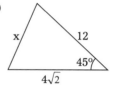

d)
e)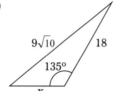
f)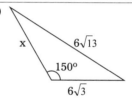

1013 Determine **x** nos casos:

a)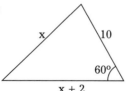
b)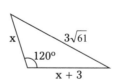

1014 Aplicando a relação de Stewart determine **x** nos casos:

a) 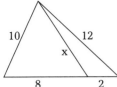 b) 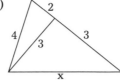 c)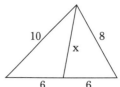

1015 Aplicando a relação de Stewart determine a mediana relativa ao lado BC, nos casos:

a) 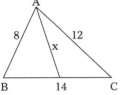 b)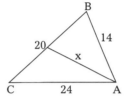

1017 Dizer a natureza (dizer se é retângulo, obtusângulo ou acutângulo) do triângulo dados os lados a, b, c, nos casos:

a) 13; 10 e 18   b) 14; 48 e 50   c) 8; 12 e 15   d) 6; 7 e 9

1018 Aplicando a fórmula de Hierão, determine a área do triângulo nos casos:

a)   b)   c)

1019 Achando primeiro a área (por Hierão), determine a altura relativa ao lado BC do triângulo nos casos:

a)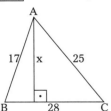

Resp: **996** a) $90\sqrt{3}$ ou $1440\sqrt{3}$ b) $20\sqrt{2}$ **997** a) $40\sqrt{3}$ b) 120   c) $64\sqrt{2}$ d) $24\sqrt{3}$ e) 33   f) 32

1004 $\dfrac{4\,ab}{\text{sen}\,\alpha}$ **1006** a) 1   b) 1   c) $\dfrac{57}{7}$ d) 2   e) 2   f) $\dfrac{40}{9}$ **1009** a) $2\sqrt{13}$ b) $\sqrt{69}$ c) $2\sqrt{26}$

1010 a) $\dfrac{3}{4}$ b) $\dfrac{7}{9}$ c) $-\dfrac{23}{40}$

1019 b) 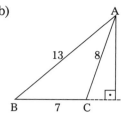 c)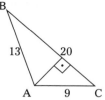

1020 Determinar a altura que se pede nos casos: (Ache a área primeiro)

a) A menor altura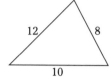

b) A maior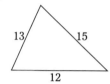

c) A maior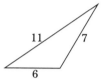

1022 Dados sen α e sen β determine **x** nos casos:

a) $\operatorname{sen} \alpha = \dfrac{3}{4}$; $\operatorname{sen} \beta = \dfrac{5}{8}$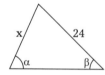

b) $\operatorname{sen} \alpha = \dfrac{6}{7}$; $\operatorname{sen} \beta = \dfrac{2}{3}$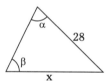

1023 Determine sen α nos casos:

a) $\operatorname{sen} \beta = \dfrac{8}{9}$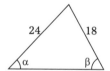

b) $\operatorname{sen} \beta = \dfrac{3}{5}$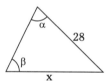

1024 Determine **x** nos casos:

a)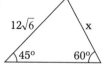

b)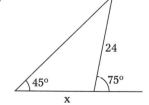

c)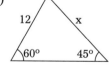

1025 Determine a medida do ângulo agudo α, nos casos:

a)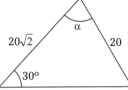

b)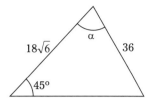

1026 Determine o raio da circunferência circunscrita ao triângulo nos casos:

a) $\sen \alpha = \dfrac{6}{7}$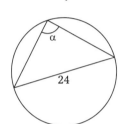

b)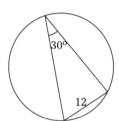

c)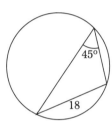

d)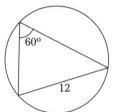

1027 Determine o raio da circunferência inscrita no triângulo nos casos:

a)

b)

Resp: **1011** a) 60° b) 120° c) 45° **1012** a) $2\sqrt{21}$ b) $4\sqrt{13}$ c) $4\sqrt{5}$ d) 35 e) $9\sqrt{2}$ f) 12 **1013** a) 14 b) 12 **1014** a) $\dfrac{2\sqrt{745}}{5}$ b) $\dfrac{3\sqrt{6}}{2}$ c) $\sqrt{46}$ **1015** a) $\sqrt{55}$ b) $\sqrt{286}$ **1017** a) obtusângulo b) retângulo c) obtusângulo d) acutângulo **1018** a) $15\sqrt{7}$ b) $12\sqrt{5}$ c) $24\sqrt{21}$ **1019** a) 15

1028 Determine o raio da circunferência circunscrita ao triângulo nos casos:

a)

b)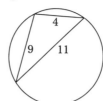

1031 Resolver:

a) Dois lados de um triângulo, que medem 4 m e 6 m, formam um ângulo de 60°. Determine o outro lado.

b) Os lados de um triângulo medem 13 m, 15 m e 16 m. Determine o cosseno do ângulo oposto ao maior lado.

1033 Determine a área do triângulo dados os lados nos casos:

a) 18 m, 16 m, 20 m   b) 20 m, 24 m, 28 m   c) 7 m, 6 m, 3 m

1034 Determine a altura relativa ao menor lado do triângulo, dados os lados, nos casos:

a) 16 m, 26 m, 30 m

1034 b) 12 m, 17 m, 19 m

1035 Resolver:

a) Determine a menor altura de um triângulo cujos lados medem 13 m, 17 m e 20 m.

b) Determine a maior altura de um triângulo cujos lados medem 10 m, 12 m e 18 m.

1036 Resolver:

a) O lado oposto a um ângulo de 45° de um triângulo mede 20 m. Determine o raio da circunferência circunscrita ao triângulo.

b) Um triângulo com um ângulo de 150° está inscrito em um círculo cujo raio mede 12 m. Determine o maior lado desse triângulo.

1037 Determine o raio da circunferência inscrita no triângulo dado os seus lados nos casos:

a) 8 m, 10 m, 14 m

Resp: 1019 b) $4\sqrt{3}$ b) $\frac{6\sqrt{14}}{5}$ **1020** a) $\frac{5\sqrt{7}}{2}$ b) $\frac{10\sqrt{14}}{3}$ c) $2\sqrt{10}$ **1022** a) 20 b) 36 **1023** a) $\frac{2}{3}$ b) $\frac{6}{11}$ **1024** a) 24 b) $12\sqrt{2}$ c) $6\sqrt{6}$ **1025** a) 15° b) 75° ou 15° **1026** a) 14 b) 12 c) $9\sqrt{2}$ d) $4\sqrt{3}$ **1027** a) $2\sqrt{5}$ b) $\frac{3\sqrt{55}}{5}$

1037 b) 12 m, 12 m e 16 m c) 14 m, 48 m, 50 m d) 18 m, 18 m, 18 m

1038 Determine o raio da circunferência circunscrita ao triângulo dados os seus lados nos casos:
a) 20 m, 22 m, 30 m
b) 20 m, 20 m, 10 m

c) 18 m, 24 m, 30 m
d) 12 m, 12 m, 12 m

1043 Determine o valor de x nos casos:
a)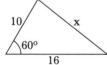

b)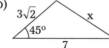

c)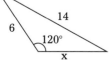

d)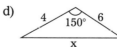

1044 Determine a medida **x** do ângulo nos casos:

a)

b)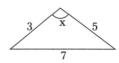

1048 Determine o valor de **x** nos casos:

a)

b)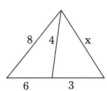

1051 Determine a área do triângulo nos casos abaixo. Use: $S = \sqrt{p(p-a)(p-b)(p-c)}$. O metro é a unidade das medidas indicadas.

a)

b)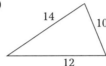

c)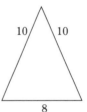

1052 Determine o valor de **x** nos casos:

a)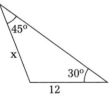

b)

1053 Determine o raio da circunferência circunscrita ao triângulo nos casos:

a)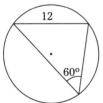

b)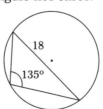

Resp: **1028** a) $\frac{21\sqrt{5}}{10}$ b) $\frac{33\sqrt{2}}{8}$ **1031** a) $2\sqrt{7}$ b) $\frac{23}{65}$ **1033** a) $9\sqrt{231}$ b) $96\sqrt{6}$ c) $4\sqrt{5}$

1034 a) $15\sqrt{3}$ b) $2\sqrt{70}$ **1035** a) $2\sqrt{30}$ b) $8\sqrt{2}$ **1036** a) $10\sqrt{2}$ b) 12 **1037** a) $\sqrt{6}$

1054 Obtenha o valor de **x** nos casos:

a) ABCD é paralelogramo

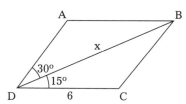

b) ABCD é trapézio isósceles

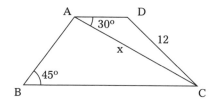

1055 Determine o ângulo **x**, nos casos:

a)

b)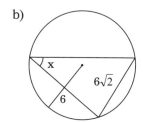

1062 Resolver:

a) As medidas dos lados do quadrilátro ABCD são AB = BC = 10 m, CD = 16 m e AD = 6 m. Determine BD.

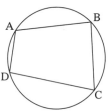

1066 Mostre que se os lados de um triângulo medem 5 k, 7 k, e 8 k, então o ângulo oposto ao lado de 7 k é de 60°.

1067 Mostre que se os lados de um triângulo medem 3 k, 5 k, 7 k, então o ângulo oposto ao lado de 7 k é de 120°.

1068 Um triângulo tem 36 m de perímetro e as alturas são proporcionais a 3, 4 e 6. Determine os lados.

1069 Determine o raio do círculo nos casos:

a)

b)

1070 Os lados de um triângulo medem 6 m, 10 m e 12 m. Determine:

a) a sua área;

b) a sua menor altura;

c) a sua maior altura;

d) o raio da circunferência inscrita;

e) o raio da circunferência circunscrita.

POLÍGONOS REGULARES

1080 Determinar o raio do círculo e o apótema do polígono regular inscrito no círculo, sendo 6 m o lado do polígono, nos casos:
Use Pitágoras, diagonal de quadrado, altura de triângulo equilátero ou razões trigonométricas para o cálculo do que for pedido).

a) quadrado

b) hexágono

c) triângulo

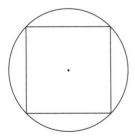
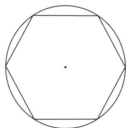
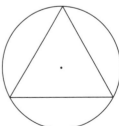

Resp: **1037** b) $\frac{8\sqrt{5}}{5}$ c) 6   d) $3\sqrt{3}$ **1038** a) $\frac{275\sqrt{21}}{84}$ b) $\frac{8\sqrt{15}}{3}$ c) 15   d) $4\sqrt{3}$ **1043** a) 14   b) 5   c) 10   d) $2\sqrt{6\sqrt{3}+13}$ **1044** a) 60°   b) 120°   **1048** a) 3   b) $\sqrt{19}$ **1051** a) $10\sqrt{3}$ b) $24\sqrt{6}$ c) $8\sqrt{21}$ **1052** a) $6\sqrt{2}$ b) $6\sqrt{6}$ **1053** a) $4\sqrt{3}$ b) $9\sqrt{2}$

117

1081 Determinar o raio do círculo e o lado do polígono regular inscrito nesse círculo, sendo 6 m o apótema do polígono, nos casos:

a) quadrado

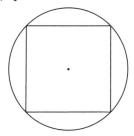

b) hexágono

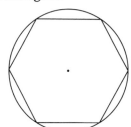

c) triângulo

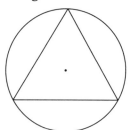

1082 Determinar o lado e o apótema do polígono regular inscrito no círculo de raio 6 m nos casos:

a) quadrado

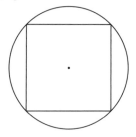

b) hexágono

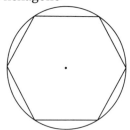

c) triângulo

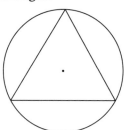

1083 Determinar o raio do círculo inscrito no polígono regular de lado 6 m nos casos:

a) quadrado

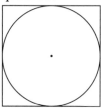

b) hexágono

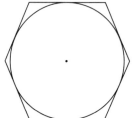

c) triângulo

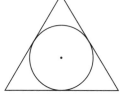

1084 Resolver:

a) Determine o lado do triângulo equilátero, do quadrado e do hexágono regular inscritos em uma circunferência com raio de 18 m.

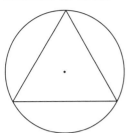 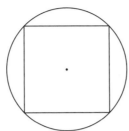 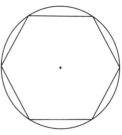

b) Determine o apótema do triângulo equilátero, do quadrado e do hexágono regular inscritos em uma circunferência de 12 m de raio.

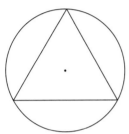 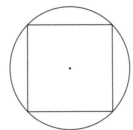 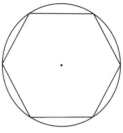

1085 Determine o raio da circunferência circunscrita a um triângulo equilátero, nos casos:

a) A altura mede 12 m.

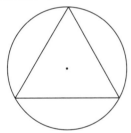

b) O lado mede 30 m.

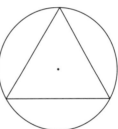

c) O apótema mede 7 m

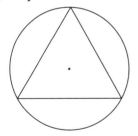

d) A sua área é de $81\sqrt{3}$ m².

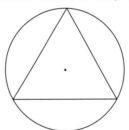

Resp: **1054** a) $6\sqrt{2}$ b) $12\sqrt{2}$ **1055** a) $105°$ b) $45°$ **1062** a) 14 b) $\sqrt{129}$ **1068** 16, 12 e 8

1069 a) $\sqrt{5}$ b) $\dfrac{160\sqrt{231}}{231}$ **1070** a) $8\sqrt{14}$ b) $\dfrac{4\sqrt{14}}{3}$ c) $\dfrac{8\sqrt{14}}{3}$ d) $\dfrac{4\sqrt{14}}{7}$ e) $\dfrac{45\sqrt{14}}{28}$

1080 a) $R = 3\sqrt{2}$, $a = 3$ b) $R = 6$, $a = 3\sqrt{3}$ c) $R = 2\sqrt{3}$, $a = \sqrt{3}$

1086 Determine o raio da circunferência circunscrita a um quadrado, nos casos:
a) A diagonal mede 40 m.   b) O lado mede 24 m.   c) O apótema mede 9 m.   d) A sua área é de 100 m².

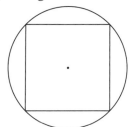 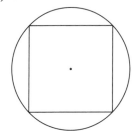 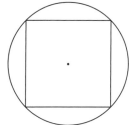 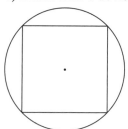

1087 Determine o raio da circunferência circunscrita a um hexágono regular, nos casos:
a) O lado mede 13 m.   b) A diagonal maior mede 28 m.   c) O apótema mede 15 m.

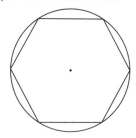 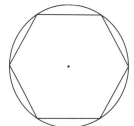 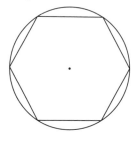

d) A diagonal menor mede 12 m.   e) A sua área é de $216\sqrt{3}$ m².

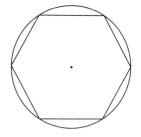 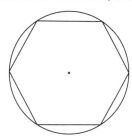

1088 Determine o raio da circunferência inscrita em um triângulo equilátero nos casos:
a) A altura mede 21 m.   b) O raio da circunscrita mede 18 m.   c) O lado mede 54 m.   d) A sua área é de $36\sqrt{3}$ m²

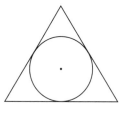 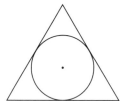 

1089 Determine o raio da circunferência inscrita em um quadrado, nos casos:
a) A altura mede 30 m.   b) O apótema mede 11 m.   c) A diagonal mede 12 m   d) O raio da circunscrita mede 8 m.

  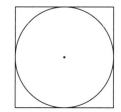 

1090 Determine o raio da circunferência inscrita em um hexágono regular, nos casos:

a) O lado mede 18 m.   b) O apótema mede 17 m.   c) O raio da circunscrita mede 30 m.

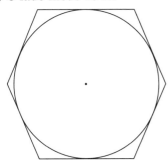 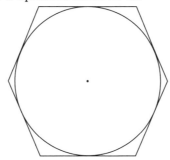 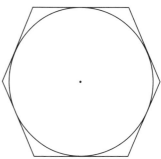

d) A diagonal maior mede 24 m.   e) A diagonal menor mede 28 m.   f) A sua área é de $54\sqrt{3}$ m².

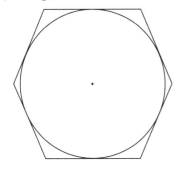 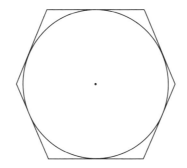 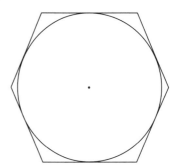

1095 Lembrando que no triângulo equilátero o ortocentro, o baricentro, o incentro (centro da circunferência inscrita) e o circuncentro (centro da circunferência circunscrita) são coincidentes e que o baricentro divide a mediana em duas partes que medem $\frac{1}{3}$ e $\frac{2}{3}$ desta, sendo 6 m o lado do triângulo equilátero, determine:

a) a altura do triângulo;
b) o raio R da circunscrita;
c) o raio r da inscrita;
d) o apótema do triângulo.

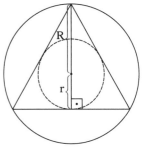

1096 Lembrando que no quadrado a diagonal passa pelo centro, sendo 8 m o lado do quadrado, determine:

a) a diagonal;
b) o raio R da circunscrita;
c) o raio **r** da inscrita;
d) o apótema do quadrado.

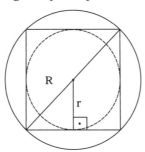

Resp: **1081** a) $R = 6\sqrt{2}$, $\ell = 12$ b) $R = 4\sqrt{3}$, $\ell = 4\sqrt{3}$ c) $R = 12$, $\ell = 12\sqrt{3}$ **1082** a) $\ell = 6\sqrt{2}$, $a = 3\sqrt{2}$ b) $\ell = 6$, $a = 3\sqrt{3}$
c) $\ell = 6\sqrt{3}$, $a = 3$ **1083** a) 3   b) $3\sqrt{3}$ c) $\sqrt{3}$ **1084** a) $18\sqrt{3}$; $18\sqrt{2}$; 18   b) 6; $6\sqrt{2}$; $6\sqrt{3}$
1085 a) 8   b) $10\sqrt{3}$ c) 14   d) $6\sqrt{3}$

1097 Lembrando que no hexágono regular as diagonais maiores passam pelo centro e determinam nele 6 triângulos equiláteros, sendo 6 m o lado do hexágono, determine:
a) a diagonal maior;
b) o raio **R** da circunscrita;
c) o raio **r** da inscrita;
d) a diagonal menor;
e) o apótema do hexágono.

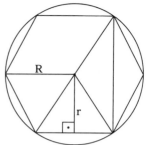

1104 Se o raio de uma circunferência mede 2 m, determine o lado ℓ do decágono regular inscrito nela. (Use os triângulos isósceles da figura e o teorema da bissetriz interna ou use semelhança de triângulos).

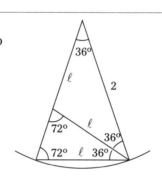

1111 Determinar a área do:

a) quadrado inscrito em um círculo de 5 m de raio.

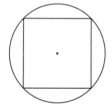

b) hexágono regular inscrito em um círculo de raio 4 m.

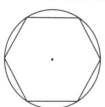

c) triângulo equilátero inscrito em um círculo de riao 6 m.

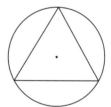

d) quadrado circunscrito a um círculo de raio 4 m.

e) hexágono regular circunscrito a um círculo de raio 6 m.

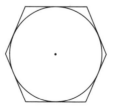

f) triângulo equilátero circunscrito a um círculo de raio 5 m.

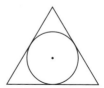

ÁREA DO CÍRCULO E PARTES

1121 Determine a área do círculo e o comprimento da circunferência nos casos:(A unidade das medidas é o metro).

a)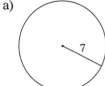
b)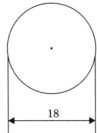
c)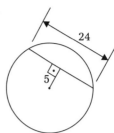

d)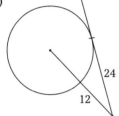
e)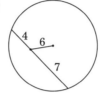
f)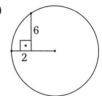

1122 Determine a área do círculo nos casos:

a) Trapézio retângulo (2p = 50 m)

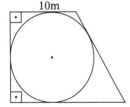

b) Trapézio isósceles (2p = 136 m)

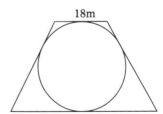

Resp: **1086** a) 20 b) $12\sqrt{2}$ c) $9\sqrt{2}$ d) $5\sqrt{2}$ **1087** a) 13 b) 14 c) $10\sqrt{3}$ d) $4\sqrt{3}$ e) 12
1088 a) 7 b) 9 c) $9\sqrt{3}$ d) $2\sqrt{3}$ **1089** a) 15 b) 11 c) $3\sqrt{2}$ d) $4\sqrt{2}$
1090 a) $9\sqrt{3}$ b) 17 c) $15\sqrt{3}$ d) $6\sqrt{3}$ e) 14 f) $3\sqrt{3}$ **1095** a) $3\sqrt{3}$ b) $2\sqrt{3}$ c) $\sqrt{3}$ d) $\sqrt{3}$
1096 a) $8\sqrt{2}$ b) $4\sqrt{2}$ c) 4 d) 4

1123 Determine a área da coroa circular nos casos:

a) 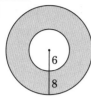   b)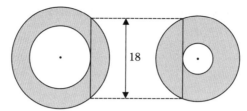

1124 Se o raio do círculo mede 12 m, determine a área do setor sombreado nos casos:

a)   b)   c)

1125 Se o raio do círculo mede 20 m, determine a área do setor circular sombreado nos casos:

a) 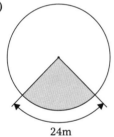   b) 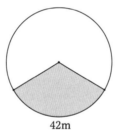   c)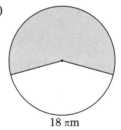

1126 Se o raio do círculo mede 12 m, determine a área do segmento circular sombreado nos casos:

a) 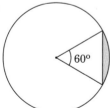   b) 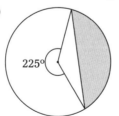   c)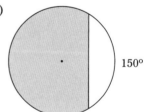

1127 Em cada caso temos um quadrado. Determine a área da região sombreada.

a) O lado mede 16 m

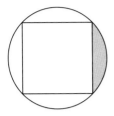

b) A diagonal mede 24 m

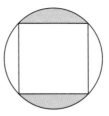

c) A diagonal mede 24 m

d) O quadrado tem 64 m²

1128 Em cada caso temos um triângulo equilátero. Determine a área da região sombreada.

a) O raio mede 12 m

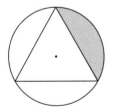

b) O lado mede 12 m

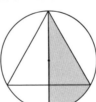

Resp: **1097** a) 12 b) 6 c) $3\sqrt{3}$ d) $6\sqrt{3}$ e) $3\sqrt{3}$ **1104** $(\sqrt{5}-1)$ **1111** a) 50 b) $24\sqrt{3}$ c) $27\sqrt{3}$ d) 64 e) $72\sqrt{3}$ f) $75\sqrt{3}$ **1121** a) $49\pi, 14\pi$ b) $81\pi, 18\pi$ c) $169\pi, 26\pi$ d) $324\pi, 36\pi$ e) $64\pi, 16\pi$ f) $100\pi, 20\pi$ **1122** a) 36π b) 225π

1128 c) O triângulo tem $27\sqrt{3}$ m²

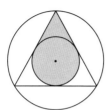

d) A altura do triângulo mede 18 m

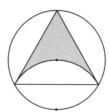

1129 Em cada caso temos um hexágono regular. Determine a área da região sombreada.

a) A circunferência tem 48π m

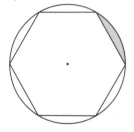

b) O hexágono tem $216\sqrt{3}$ m²

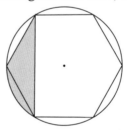

c) O círculo tem 36π m²

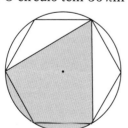

1129 d) O triângulo equilátero circunscrito ao círculo tem $108\sqrt{3}$ m²

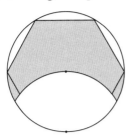

1130 Determine a área da região sombreada nos casos:

a) O raio da circunferência mede **R**

b) Quadrado cujo lado mede **a**

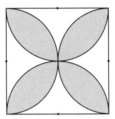

c) Os arcos $\widehat{AB}$, $\widehat{AC}$ e $\widehat{BC}$ têm centros em C, B e A e raio **R**

1131 Na figura $\overline{AC}$ e $\overline{DB}$ são congruentes e são diâmetros de dois arcos. $\overline{AB}$ e $\overline{CD}$ são diâmetros de outros dois arcos. Mostre que a área sombreada é igual a área do círculo de diâmetro AD.

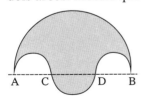

Resp: 1123 a) 160π b) 81π e 81π **1124** a) 34π b) 50π c) 98π **1125** a) 240 b) 420 c) 220
1126 a) $12(2\pi - 3\sqrt{3})$ b) $18(3\pi - 2\sqrt{2})$ c) $12(7\pi + 3)$ **1127** a) $32(\pi - 2)$ b) $72(\pi - 2)$ c) $18(4 - \pi)$ d) $16(4 - \pi)$
1128 a) $12(4\pi - 3\sqrt{3})$ b) $4(2\pi + 3\sqrt{3})$

1132 Na $\overline{AC}$, $\overline{CB}$ e $\overline{AB}$ são diâmetros com BC = 2AC. Mostre que a área não sombreada é a metade da sombreada.

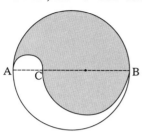

1133 Na figura temos um triângulo retângulo cujos lados são diâmetros das semicircunferências. Sendo **A**, **B** e **T** as áreas das regiões sombreadas, mostre que T = A + B. (A soma das áreas das lúnulas é igual a área do triângulo). "Lúnulas de Hippocrates"

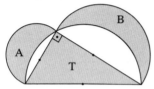

1134 Na figura temos um círculo com os diâmetros $\overline{AB}$ e $\overline{CD}$ perpendiculares. O arco $\widehat{AB}$ tem centro em **D**. Mostre que a área do triângulo ABD é igual a área da região sombreada.

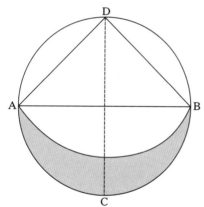

1135 Na figura temos um triângulo equilátero inscrito em um círculo de raio r. Os lados do triângulo são diâmetros dos arcos $\widehat{AB}$, $\widehat{AC}$, $\widehat{BC}$. Mostre que a soma das áreas das lúnulas é igual a área do triângulos somada com $\frac{1}{8}\pi r^2$.

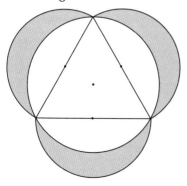

1136 Na figura OA = OB e $\overline{OA}$ e $\overline{OB}$ são diâmetros das semicircunferências. Se o arco AB tem centro em O e mede 90°, mostre que a área sombreada **X** é igual a área sombreada **Y**.

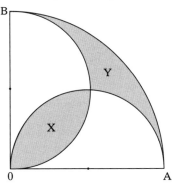

1137 Na figura temos duas circunferências congruentes com centros O e O' e OBB'O' é um paralelogramo. Se BB' é diâmetro da semicircunferência construída, mostre que a área sombreada é igual a área do paralelogramo OBB'O'.

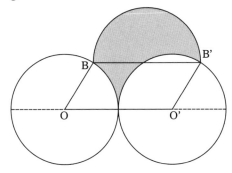

1138 Na figura temos um quadrado ABCD de lado **a**. Os arcos construídos têm centros nos vértices do quadrado. Determine a área da região sombreada.

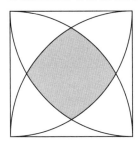

1139 Determine a área do círculo e o comprimento da circunferência nos casos:

a)
b)
c)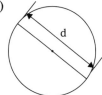
d)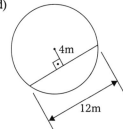

Resp: **1128** c) $3(2\pi + 3\sqrt{3})$ d) $48(3\sqrt{3} - \pi)$ **1129** a) $48(2\pi - 3\sqrt{3})$ b) 24π c) $6(2\pi + 3\sqrt{3})$ d) $3(15\sqrt{3} - 2\pi)$

1130 a) $(2\pi - 3\sqrt{3})R^2$ b) $\left(\frac{\pi}{2} - 1\right)a^2$ c) $\frac{R^2}{2}(\pi - \sqrt{3})$

1139 e) 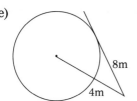 f) 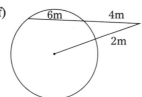 g)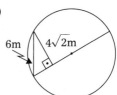

1140 Determinar a área da coroa circular nos casos:

a) 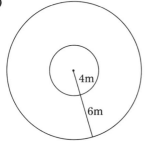 b) 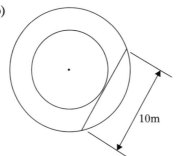 c)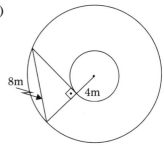

1141 Determinar a área do setor circular, de 6 m de raio, sombreado nos casos:

a)  b)  c) 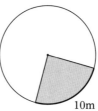 d)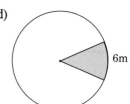

1142 Determinar a área do segmento circular sombreado, sendo 6 m o raio do círculo, nos casos:

a) 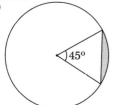 b) 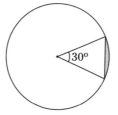 c)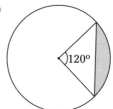

1143 Determinar a área da região sombreada nos casos:

a) quadrado de lado 8 m

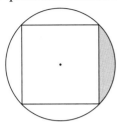

b) hexágono regular de lado 6 m

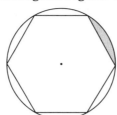

c) triângulo equilátero de lado 12 m

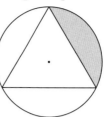

1144 Determinar a área da região sombreada nos casos:

a) quadrado de lado 8 m

b) quadrado de lado 8 m

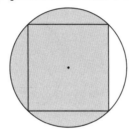

c) triângulo equilátero de 6 m de lado

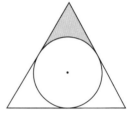

d) quadrado de lado 4 m e o arco tem centro no vértice do quadrado

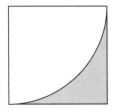

e) idem ao anterior

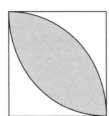

f) retângulo de lados 6 m e 10 m

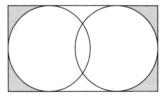

Resp: **1138** a) $\frac{1}{3}(\pi + 3 - 3\sqrt{3})a^2$ **1139** a) 25π m² ; 10πm   b) 36π m² ; 12πm   c) $\frac{\pi d^2}{4}$, πd d) 52π m² ; $4\sqrt{13}\,\pi$m

1145 Resolver:

a) Qual a área de um círculo cuja circunferência tem $18\,\pi$m?

b) Qual o comprimento de uma circunferência cujo círculo tem $64\,\pi\text{m}^2$?

c) Determinar a área do círculo circunscrito a um quadrado de $16\,\text{m}^2$?

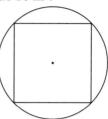

d) Determinar a área do círculo circunscrito a um hexágono regular de $150\sqrt{3}\,\text{m}^2$.

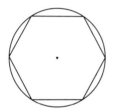

e) Determinar a área do círculo circunscrito a um triângulo equilátero de $9\sqrt{3}\,\text{m}^2$.

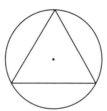

1146 Resolver:

a) Determinar a área do círculo inscrito em um quadrado de $20\,\text{m}^2$.

b) Determinar o comprimento da circunferência inscrita em um hexágono regular de $72\sqrt{3}\,\text{m}^2$.

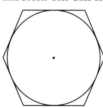

c) Determinar o comprimento da circunferência inscrita em um triângulo equilátero de $27\sqrt{3}\,\text{m}^2$.

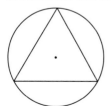

d) Determinar a área do círculo circunscrito a um hexágono regular de diagonal menor 6 m.

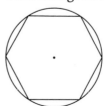

1147 Resolver:

a) Determinar a área do círculo circunscrito a um triângulo isósceles de base 30 m e outro lado $5\sqrt{34}$ m.

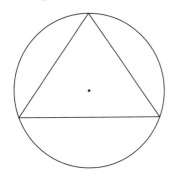

b) Determinar a área do círculo inscrito em um triângulo isósceles de base 15 m e outro lado 19,5 m.

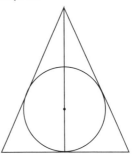

1148 Determinar as áreas dos setores de medidas abaixo, sendo 60 cm o raio do círculo.

a) 90° b) 60° c) 45°

d) 120° e) 17° f) 5°15'

1149 Determinar a área da coroa circular determinada pelas circunferência inscrita e circunscrita a um:

a) quadrado de 8 m de diagonal
b) hexágono regular de diagonal menor $6\sqrt{3}$ m
c) triângulo equilátero de $16\sqrt{3}$ m²

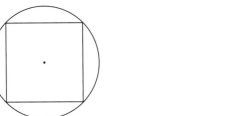 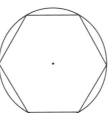 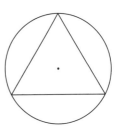

Resp: **1139** e) 36π m² ; 12πm   f) 81π m² ; 18πm   g) 81π m² ; 18πm   **1140** a) 84πm²   b) 25πm²   c) 48πm²

1141 a) 4πm²   b) 7πm²   c) 30 m²   d) 18 m²   **1142** a) $\frac{9}{2}(\pi-2\sqrt{2})$ b) $3(\pi-3)$ c) $3(4\pi-3\sqrt{3})$

1143 a) $8(\pi-2)$ b) $3(2\pi-3\sqrt{3})$ c) $4(4\pi-3\sqrt{3})$ **1144** a) $4(4-\pi)$ b) $8(3\pi+2)$ c) $(3\sqrt{3}-\pi)$

d) $4(4-\pi)$ e) $8(\pi-2)$ f) $9(4-\pi)$

1150 Determinar os comprimentos dos arcos de medidas abaixo, sendo 60 m o raio do círculo.

a) 90° b) 60° c) 40°

d) 72° e) 75° f) 120°

1151 Determinar as áreas dos segmentos circulares cujas medidas dos arcos são dadas abaixo, sendo 12 m o raio do círculo.

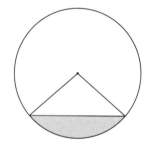

a) 60° b) 90°

c) 135° d) 150°

1152 Determine a área do círculo nos casos:

a) PA = 4 m , PQ = 8 m, s ⊥ t

b) BC = 30 m , AM = 25 m

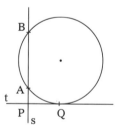
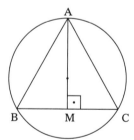

1153 O traçado de um pista representada na figura ao lado é composto dos arcos de circunferências AB, BC, CD e DA, centrados respectivamente em O_1, O_2, O_3 e O_4. Se os triângulos $O_1O_2O_3$ e $O_1O_3O_4$ são equiláteros de 60 m de lado e AB = $120\sqrt{3}$ m, determine o comprimento da pista.

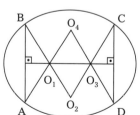

1154 Se o lado do triângulo equilátero mede 4 m e os raios dos arcos centrados nos vértices do triângulo medem 2 m cada um, determinar a área da parte sombreada.

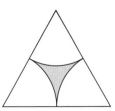

1155 Na figura temos um triângulo equilátero de 8 m de lado e circunferências de raios iguais a 2 m centradas em vértices e em pontos médios de lados do triângulo equilátero. Determinar a área da região sombreada.

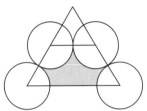

1156 Se o lado do quadrado mede 6 m e os arcos de circunferências são centrados em vértices consecutivos do quadrado, determinar a área da parte sombreada.

1157 Da figura sabemos que AB = 15 m, AD = 9 m e **t** é tangente à circunferência. Determinar CD.

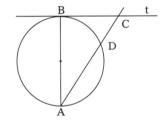

1158 Determinar a área da parte sombreada se o raio do círculo é **r** e $A\hat{B}C = 30°$.

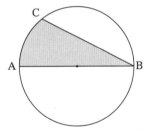

1159 ABC é um triângulo retângulo de hipotenusa AC = 12 m e ângulo $\hat{A} = 60°$. Determinar a área da parte sombreada se o arco BD é centrado em **A**.

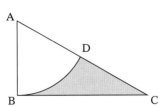

Resp: **1145** a) $81\pi m^2$ b) $16\pi m$ c) $8\pi m^2$ d) $100\pi m^2$ e) $12\pi m^2$ **1146** a) 5π b) 12π c) 6π d) 12π

1147 a) 289π b) 25π **1148** a) 900π b) 600π c) 450π d) 1200π e) 170π f) $\frac{105}{2}\pi$

1149 a) 8π b) 9π c) 16π

1160 Se o arco CD tem centro em A, AB = 6 m e = 60°, determinar a área da região sombreada.

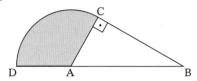

1161 As circunferências da figura têm 9 m e 3 m de raios, são tangentes entre si e tangenciam a reta **t**. Determine a área da região sombreada.

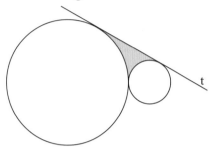

1162 Na figura temos um setor circular de 60° e raio 18 m e uma circunferência inscrita nele. Determine a área da região sombreda.

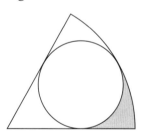

1163 Na figura temos um círculo de raio $12\sqrt{6}$ m . Determine a área da região sombreada.
Dados $AB = 24\sqrt{3}$ m e $AC = 36\sqrt{2}$ m.

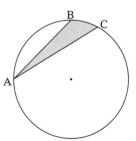

1164 Na figura temos um círculo de raio $12\sqrt{3}$ m.
Se AB = $12\sqrt{3}$ m e CD = 36 m, determine a área sombreada.

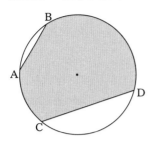

1167 Se a área do retângulo determinado por dois lados opostos de um hexágono regular é de $36\sqrt{3}$ m², quanto mede o lado do triângulo equilátero equivalente a este hexágono?

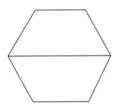 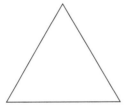

1168 Na figura nós temos um quadrado e um triângulo equilátero. Se a área da parte sombreada é de $2(5\pi + 12\sqrt{3} - 18)$ m², qual é o comprimento da circunferência maior?

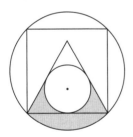

Resp: **1150** a) 30π b) 20π c) $\frac{40}{3}\pi$ d) 24π e) 25π f) 40π **1151** a) $12(2\pi - 3\sqrt{3})$ b) $36(\pi - 2)$ c) $18(3\pi - 2\sqrt{2})$ d) $12(5\pi - 3)$ **1152** a) 100π b) 289π **1153** 280π **1154** $2(2\sqrt{3} - \pi)$ **1155** $4(3\sqrt{3} - \pi)$ m² **1156** $3(4\pi - 3\sqrt{3})$ **1157** 16 **1158** $\frac{1}{12}(2\pi + 3\sqrt{3})r^2$ **1159** $6(3\sqrt{3} - \pi)$

1169 A diferença entre as áreas das partes sombreada e não sombreada ao lado é de $(4\pi - 3\sqrt{3})\,m^2$. Determine a área do triângulo, que é equilátero.

EXERCÍCIOS GERAIS

1174 Levando em conta as medidas indicadas na figura e sabendo que o círculo está inscrito no triângulo, determinar x.

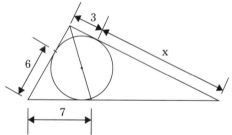

1175 Se o raio do círculo mede 4m e AB = 12m, determinar PD.

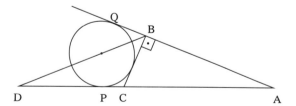

1176 Mostre que a soma dos quadrados das diagonais de um paralelogramo é igual a soma dos quadrados dos lados.

1177 Demonstrar que o raio da circunferência inscrita num triângulo retângulo de catetos **b** e **c** e hipotenusa **a** é dado por $r = \dfrac{b+c-a}{2}$ ou $r = p - a$ onde p é o semiperímetro.

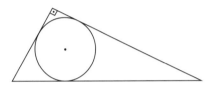

1179 Uma circunferência inscrita num triângulo ABC tangencia o lado $\overline{AB}$ no ponto P. Mostre que $AP = p - a$ onde p é o semiperímetro e $BC = a$.

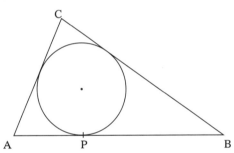

1180 Seja P o ortocentro e O o circuncentro de um triângulo ABC. Mostre que AP é igual a duas vezes a distância entre O e $\overline{BC}$.

Sugestão: Usar a propriedade da reta de Euler.
Propriedade: Se P, G e O são, respectivamente, o ortocentro, o baricentro e o circuncentro de um triângulo, então $PG = 2 \cdot GO$.

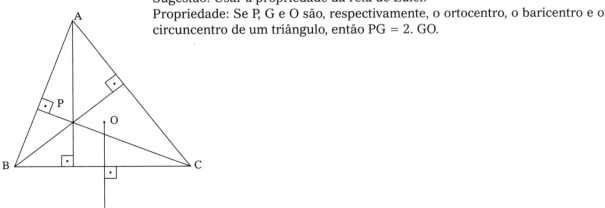

Resp: **1160** 3π **1161** $\dfrac{3}{2}(24\sqrt{30} - 11\pi)$ **1162** $3(5\pi - 6\sqrt{3})$ **1163** $72(\pi - 3\sqrt{3} + 6)$ **1164** $216(\pi + \sqrt{3})$
1167 $6\sqrt{6}$ **1168** $12\sqrt{2}\,\pi$

1181 A hipotenusa de um triângulo retângulo mede **c** e um ângulo agudo mede 30°. Determinar o raio da circunferência que tem centro no vértice do ângulo de 30° e divide o triângulo em duas regiões equivalentes.

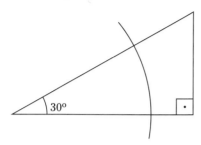

1182 Considere um triângulo isósceles ABC de base AC e um ponto P sobre a base AC com AP = a e CP = b, a < b. Sejam R e Q os pontos onde $\overline{BP}$ tangencia as circunferências inscritas nos triângulos BPA e BPC. Determine RQ.

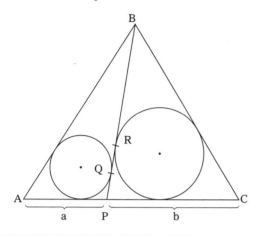

1184 As diagonais de um losango (ou rombo) medem **a** e **b** e o lado é a média proporcional (ou geométrica) das diagonais. Determine o ângulo agudo desse losango.

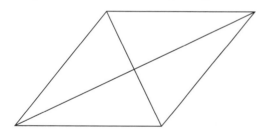

1185 As diagonais de um quadrilátero medem **a** e **b** e os segmentos determinados pelos pontos médios de lados opostos são congruentes. Determine a área desse quadrilátero.

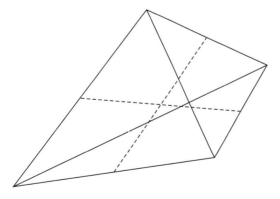

1186 Os pontos **M** e **N** dividem o lado AD de um retângulo ABCD em três partes de medidas iguais e AD é o triplo de AB. Determine a soma dos ângulos $A\hat{M}B$, $A\hat{N}B$ e $A\hat{D}B$.

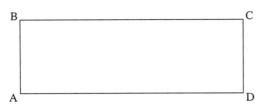

1188 Mostre que a bissetriz relativa à hipotenusa de um triângulo retângulo é bissetriz do ângulo formado pela altura e mediana relativa à hipotenusa.

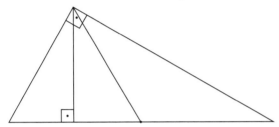

1191 Duas retas paralelas às bases de um trapézio dividem os lados oblíquos em 3 partes iguais. Se as áreas dos trapézios adjacentes às bases são S_1 e S_2, determine a área do trapézio entre esses dois.

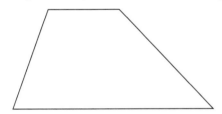

1193 As bases de um trapézio medem **a** e **b** e seja **P** a intersecção das diagonais. Determine a medida do segmento que os lados oblíquos determinam sobre a reta, por **P**, paralela às bases.

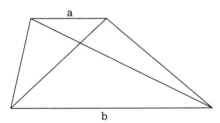

Resp: **1169** $9\sqrt{3}$ **1174** 15 **1175** $\dfrac{92}{7}$

1194 Considere um trapézio isósceles circunscritível cuja razão entre as bases (menor sobre maior) é **k**. Achar o ângulo da base maior.

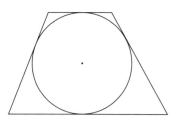

1196 A base média de um trapézio isósceles de diagonais perpendiculares mede **a**. Qual a área desse trapézio?

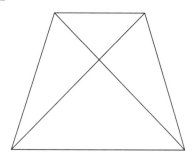

1197 A área de um trapézio isósceles circunscritível cujo lado oblíquo é o dobro da altura é **S**. Determine o raio do círculo inscrito neste trapézio.

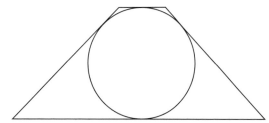

1198 As diagonais de um trapézio o decompões em 4 triângulos. Se as áreas dos dois triângulos nos quais um dos lados é base do trapézio, são S_1 e S_2, determine a área do trapézio.

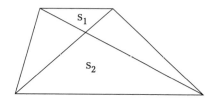

1200 Os catetos de um triângulo retângulo mede **b** e **c** com **b** maior que **c**. A bissetriz do ângulo reto determina dois triângulos. Determine a distância entre os ortocentros desses triângulos obtidos.

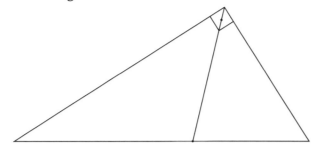

1201 Os lados de um paralelogramo mede a e **b**, com a < b. Uma reta perpendicular a dois lados decompõe este paralelogramo em dois trapézios circunscritível. Determine o ângulo agudo desse paralelogramo.

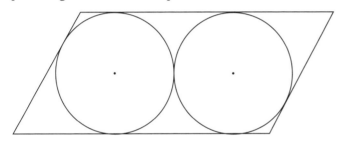

1208 A soma das diagonais de um losango de área **S** é **K**. Ache o lado desse losango.

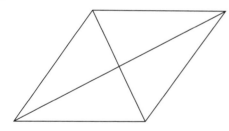

Resp: **1181** $\frac{c}{2}\sqrt{\frac{3\sqrt{3}}{\pi}}$ **1182** $\frac{b-a}{2}$ **1184** $30°$ **1185** $\frac{ab}{2}$

1186 $90°$ **1191** $\frac{1}{2}(S_1 + S_2)$ **1193** $\frac{2ab}{a+b}$

143

1209 Um quadrado de lado a está inscrito em uma circunferência. Ache o lado do quadrado inscrito no menor segmento de círculo que o lado do quadrado determina nesse círculo.

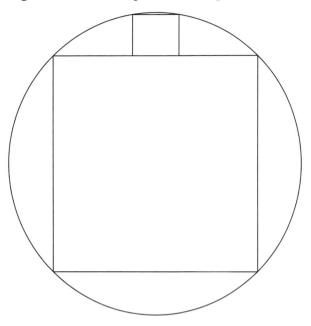

1210 Um retângulo ABCD com $\overline{BC}$ em uma corda $\overline{PQ}$ está inscrito no segmento de círculo determinado por $\overline{PQ}$ cujo arco PQ mede 120°. Sabendo que a altura do segmento circular é h e que AB : BC = 1 : 4, ache a área do retângulo.

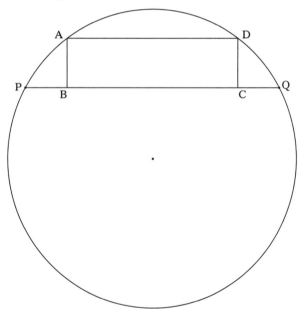

1214 Uma circunferência de raio r tangencia um segmento $\overline{AB}$ de medida 2a no seu ponto médio. Determine o raio da circunferência que passa por **A** e **B** e tangencia a circunferência dada.

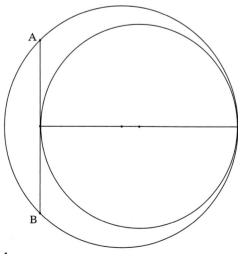

1215 Seja **M** um ponto sobre o lado $\overline{BC}$ e **N** um ponto sobre o lado $\overline{CD}$ de um quadrado ABCD de lado a de modo que BM = 3MC e DN = 2CN. Determine o raio da circunferência inscrita no triângulo AMN.

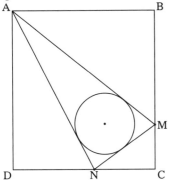

1216 Considere o ponto médio **M** do lado $\overline{BC}$ e um ponto **N** sobre o lado $\overline{CD}$ de um quadrado ABCD de lado **a**, com CN : ND = 3 : 1. Ache a distância entre **N** e o ponto médio de AM.

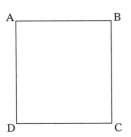

1217 Seja **M** o ponto médio da mediana $\overline{BD}$ de um triângulo ABC. Seja **P** o ponto onde a reta que passa por **A** e **M** intercepta o lado BC. Determine a razão BP : PC.

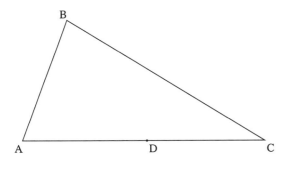

1220 Dada uma circunferência de centro **O** e raio **R** e um ponto **A** sobre um diâmetro de modo que OA = a. Ache o raio da circunferência que tangencia este diâmetro em **A** e tangencia também a circunferência dada.

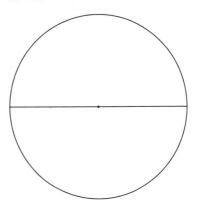

Resp: **1194** $\arccos \frac{1-k}{1+k}$ **1196** a^2 **1197** $\frac{\sqrt{2S}}{4}$ **1198** $(\sqrt{S_1}+\sqrt{S_2})^2$

1200 $\frac{b-c}{b+c}\sqrt{b^2+c^2}$ **1201** $\operatorname{sen}\alpha = \frac{b-a}{a}$ **1208** $\frac{1}{2}\sqrt{K^2-4S}$

1223 Seja $\overline{AH}$ a altura de um triângulo equilátero ABC de lado **a** e seja **s** a reta, paralela a $\overline{BC}$, que tangencia as circunferências inscritas nos triângulos AHB e AHC. Determine a área do triângulo que **s** destaca no triângulo ABC.

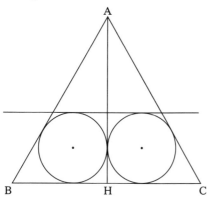

1225 As diagonais de um quadrilátero ABCD inscritível interceptam-se em **P**. Sabendo-se que AB = a, AP = c, BP = b e CD = d, determine AC.

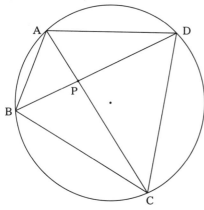

1228 Sobre um diâmetro $\overline{AB}$ de uma circunferência de raio **R** considere um ponto **P** que dista **a** do centro. Seja $\overline{CD}$ uma corda qualquer dessa circunferência, paralela ao diâmetro AB. Ache a soma dos quadrados das distâncias entre **P** e as extremidades de CD.

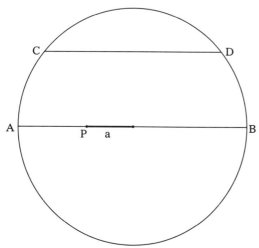

Resp: **1209** $\frac{a}{5}$ **1210** $\frac{36}{25}h^2$ **1214** $\frac{a^2+4r^2}{4r}$ **1215** $\frac{(5-\sqrt{13})a}{8}$ **1216** $\frac{a\sqrt{10}}{4}$ **1217** $\frac{1}{2}$

1220 $\frac{R^2-a^2}{2R}$ **1223** $\frac{a^2\sqrt{3}}{12}$ **1125** $\frac{ac+bd}{a}$ **1228** $2(R^2+a^2)$

Impressão e Acabamento
Bartira
Gráfica
(011) 4393-2911